CRISTIANISMO
C L A S I C O

BOB GEORGE

Reprinted with permission by:
People to People Ministries
1225 E. Rosemeade Parkway
Carrollton, TX 75007
USA
www.realanswers.net

Primera edición 1994

Título original en inglés:
Classic Christianity
Copyright © 1989 by Harvest House Publishers
Published by Harvest House Publishers
Eugene, Oregon 97402
www.harvesthousepublishers.com

ISBN 1-931899-27-4

Traducido al castellano por: Eliseo Mejías
Edición: Moisés Ramos

Citas Bíblicas tomadas de la versión Reina Valera,
Revisión 1960 © Sociedades Bíblicas Unidas,
usada con permiso.

Impreso en Colombia
Printed in Colombia

CONTENIDO

PREFACIO

Hay pocas cosas tan aburridas como ser religioso, pero no hay nada más emocionante que ser cristiano.

La mayoría de las personas nunca han descubierto la diferencia entre lo uno y lo otro, de manera que algunos tratan sinceramente de vivir una vida que no tienen, y sustituyen a Dios con la religión, a Cristo con el cristianismo, y la energía, gozo, y poder del Espíritu Santo con sus propios esfuerzos.

Ante la ausencia de realidad, se aferran a lo ritual, obstinadamente defienden lo último en la ausencia de lo primero, para no quedarse sin ninguno de los dos.

Estas personas son como una lámpara sin aceite, o como un auto sin gasolina, plumas sin tinta, frustrados ante su propia impotencia y la ausencia de todo lo que puede hacer al hombre funcionar; ya que él fue diseñado por Dios de tal manera que la presencia del Creador es indispensable para la humanidad. ¡Cristo se dio a sí mismo por nosotros! ¡Su presencia coloca a Dios en el hombre! El vino para que tuviéramos vida —la vida de Dios.

Por otro lado, existen otras personas que tienen una vida y nunca la viven. Han llegado a Cristo y le han dado las gracias únicamente por lo que El hizo, pero no viven con el poder que El les da. Entre el Jesús que "fue" y el Jesús que "será" se hallan en un vacío espiritual, tratando de vivir para Cristo una vida que solamente El puede darles, perpetuamente mendigando lo que ya tienen en El.

Es para aquellos que tratan de vivir una vida que no tienen, y para las personas que tienen una vida que no viven, que Bob

George escribe estas páginas, vívidamente ilustradas con sus propias experiencias y las de aquellas personas a las cuales él ha aconsejado. Aquí está la verdad que hace al hombre libre. Este es un libro lleno de discernimiento espiritual, sentido común, y fácil lectura. Estoy convencido de que muchas personas cansadas de correr en vano, encontrarán en estas páginas al Señor Jesucristo, quien es la respuesta final para sus necesidades.

Alcalde W. Ian Thomas
"Torchbearers of the
Capernwray Missionary Fellowship"

INTRODUCCION

La palabra "clásico" significa "excelente, normativo, autoritativo, establecido". Entre las muchas connotaciones de la palabra encontramos "tener un estilo equilibrado, formal, objetivo, regular, sencillo". Este libro es mi búsqueda del "cristianismo clásico". Ni Dios, ni su Palabra han menguado en poder. La Palabra de Dios no es menos viva y activa "como espada de dos filos" (Hebreos 4:12) ahora que en el primer siglo, cuando los seguidores de Cristo revolucionaron el mundo. El problema siempre ha radicado, y radica, en nosotros. Nuestra tendencia humana es transformar lo que debiera ser una relación personal dinámica con Cristo en mera religión. A menudo nos alejamos de los elementos básicos, del primer amor, y aun sustituimos lo mejor por lo bueno. Me sucedió a mí también. Este libro trata del peregrinaje de un hombre para descubrir de nuevo "lo auténtico".

Con ese deseo ardiente, en realidad, no difiero de un sinnúmero de creyentes que a través de los siglos han dejado de ser famosos y luego olvidados. Procedentes de docenas de distintas culturas, siempre han existido hijos de Dios que han buscado la realidad de Cristo, y han estado dispuestos a "[estimar] todas las cosas como pérdida en vista del valor de ganar a Cristo Jesús como [su] Señor" (Filipenses 3:8). Pero hay un costo que se debe pagar. Miles de creyentes a través de los siglos perdieron sus vidas por ser considerados una amenaza. Otros sufrieron rechazos, destierros y fueron tildados de personas raras. Pero finalmente encontraron lo que estaban buscando.

A. W. Tozer una vez escribió acerca de los escollos de tratar de ser diferente:

La literatura cristiana, para ser aceptada y aprobada por los líderes evangélicos de nuestros tiempos, debe seguir muy de cerca el mismo tren de pensamiento, cierta clase de "lineamientos" de los cuales pocas veces hay que apartarse. Casi medio siglo de esta actitud en Norteamérica nos ha hecho farisaicos y satisfechos de nosotros mismos. Nos imitamos el uno al otro con devoción esclavizante, y en nuestros esfuerzos sobrehumanos decimos la misma cosa que están diciendo los que nos rodean.

A pesar de que él escribió estas líneas en 1948, las cosas no han cambiado mucho. Todavía se corren grandes riesgos al retar a las personas a reconsiderar sus creencias y tradiciones.

Desde el inicio, yo deseo aclarar que mis creencias son perfectamente ortodoxas y fundamentales en todas las doctrinas y en la fe. Nada en este libro atacará las bases fundamentales de ser cristiano, la deidad de Cristo, su nacimiento virginal, su humanidad, la autoridad de la Palabra de Dios, la salvación por gracia por medio de la fe en Cristo, o la segunda venida de Cristo en gloria.

Lo que sí cuestionaré son algunas conclusiones comunes y populares, y las *aplicaciones* de estas verdades a la vida diaria. Algunas de ellas han llegado a ser aceptadas mentalmente como si fuesen la palabra de Dios. Tales afirmaciones necesitan ser cuestionadas. Como cristianos tenemos sistemáticamente cierta tendencia a hablar tácitamente de las cosas espirituales cuando suponemos que todos entienden lo que queremos decir. Puesto que están familiarizados con esa jerga, ellos asienten como si supieran de qué se trata. Lamentablemente, creo que con ello estamos meramente cubriendo serios malentendidos.

Permítame mencionarle un ejemplo. Cuando he estado frente algunos grupos les he preguntado: ¿Qué es lo primero que les viene a la mente cuando digo la palabra "tronco"?

Responden: "El tronco de un árbol", "El tórax", "EL origen de una familia", "Algo trunco", y "Un conducto o canal principal del que nacen otros secundarios". Este es exactamente el problema con tanta enseñanza y discusión en ámbitos cristianos. Repetimos las frases y fórmulas trilladas, y mientras no expongamos sus connotaciones, la unidad y acuerdo se mantienen, aunque en apariencia. Pero cuando alguien empieza a hacer preguntas serias, los problemas comienzan.

Nuestro ministerio de consejería es semejante a un taller de reparación de automóviles. Los mecánicos examinan toda clase de autos que les llevan, y trabajan en ellos, y la capacidad de ellos depende del conocimiento que tengan de distintos modelos. En el proceso, aprenden las características buenas o malas de determinadas marcas. Un buen mecánico nos podría aconsejar, diciéndonos: "Tenga cuidado con tal marca de auto, la transmisión le va a causar problemas muy pronto". O bien: "Tal compañía fabrica buenos automóviles, pero la pintura no tiene buen acabado". El mecánico, a diferencia del vendedor de automóviles, no tiene ningún interés personal; por lo tanto, hace sus juicios basado en su experiencia de haber trabajado con autos.

Al igual que el mecánico, yo no tengo interés particular alguno en determinada denominación. No estoy a favor ni en *contra* de ninguna de ellas. Sin embargo, como consejero me he visto *obligado* a formular preguntas incómodas a fin de descubrir cualquier malentendido que haya lastimado a las personas que he aconsejado. Usted no puede hablar de generalidades cuando está cara a cara con el aconsejado, cuya vida está en conflicto y acude a usted en busca de respuestas. Deseo aclarar que si el libro le toca donde le duele, la intención no está dirigida a las personas, sino hacia el error que les está causando daño.

Por otro lado, la amplia perspectiva que se da del cuerpo de Cristo en este libro nos presenta otro problema. Para los humanos es muy difícil enfocar seriamente los malentendidos y errores que ellos nunca han enfrentado personalmente. Al mencionarlos en nuestra conversación, algunos responden: "Yo nunca he oído eso", o bien: "Yo nunca he creído de esa manera, jamás he escuchado semejante enseñanza". A esta clase de creyentes les digo: "Entonces, ¡den gracias a Dios por la buena enseñanza que han recibido! Pero las enseñanzas a las cuales me refiero prevalecen en nuestro medio, y causan mucha confusión e innumerables problemas en la vida de muchos cristianos. De tal manera que si usted no ha encarado esos errores, entonces no tiene de qué preocuparse.

Pero no se imagine que otras personas no piensan de esa manera. En distintas ocasiones he hablado con muchos pastores que han declarado: "¡Los creyentes en mi iglesia no tienen problemas con esos errores, ellos entienden la buena doctrina!" Pero cuando se les hace preguntas más específicas, más allá de las frases trilladas, su conocimiento ha demostrado ser muy débil. Una cosa es haber recibido buena enseñanza, y otra totalmente distinta poseer entendimiento. A cualquiera se le puede enseñar a responder con las respuestas correctas; semejante proceso es muy diferente de lo que es aprender a pensar por sí mismo. Hay una gran diferencia entre conocer lo que la Biblia *dice,* y saber lo que la Biblia *quiere decir.*

Este libro intenta presentar "todo el cuadro" para exhortar y corregir ciertas debilidades que yo creo existen en el cuerpo de Cristo hoy. Por lo tanto, *no es un esfuerzo por presentar cada verdad relacionada con la vida cristiana.* Este libro no está escrito para tomar al creyente desde su nacimiento hasta la muerte. El propósito es, más bien, promover un examen de los fundamentos y premisas que las personas utilizan para vivir diariamente. Hoy en día no hay material de enseñanza acerca de áreas específicas que no esté al alcance de los cristianos. Como digo en el primer capítulo, "con todos los recursos a nuestra disposición yo creo que nos hemos olvidado de cómo *vivir,* y hemos olvidado la verdadera fuente de nuestra vida" —Cristo mismo—. Si nos hemos alejado de nuestro primer amor —nuestra relación personal con Cristo mismo—, entonces todas nuestras aplicaciones producen solamente lo que Dios llama madera, heno y hojarasca.

Hay muchas historias de consejería en el libro, tanto de encuentros personales como de llamadas por teléfono a nuestro programa radial. Todas las historias son verdaderas, y he usado muchas citas de las discusiones. En la mayoría de los casos, he cambiado el nombre de las personas involucradas para proteger su reputación, pero son personas reales que podría presentárselas a usted hoy en día.

Finalmente, me gustaría dar reconocimiento a dos personas a quienes Dios ha usado de una manera significativa en mi vida mediante su amistad y enseñanza. Doy gracias a Dios por el doctor Bill Bright, que me dirigió a Cristo, y al alcalde Ian Thomas, que me enseñó el profundo significado de "Cristo en vosotros, la esperanza de gloria" (Colosenses 1:27). Lo que enseño hoy, es el producto de mi estudio personal de la Biblia, además de las contribuciones de éstos, y muchas otras personas del pueblo de Dios. El contenido de este libro es una parte tan mía que, en muchos casos, no sé de dónde tomé una ilustración o frase para describir una verdad. Si inconscientemente he citado de uno de estos hombres o de otras fuentes, les pido que lo acepten como el más sincero reconocimiento que puedo ofrecerles.

El apóstol Pablo escribió hace 1900 años: "Pero temo que como la serpiente con su astucia engañó a Eva, vuestros sentidos sean extraviados de la sincera fidelidad a Cristo" (2 Corintios 11:3). Pablo nos advierte que tengamos cuidado con la tendencia humana a desviarse o alejarse. El cristianismo clásico ha sido olvidado, enterrado y descubierto de nuevo innumerables veces a través de los siglos. Pero siempre han existido individuos con un sincero deseo de conocer la realidad de Dios. ¡Esa clase de cristianismo ha florecido! La profunda oración de mi corazón es que Dios use este libro como parte de su movimiento para llamar a las personas a regresar al cristianismo clásico en nuestro tiempo.

1

Ocupado e infructuoso

Era lunes por la mañana y me dirigía hacia el centro de Dallas; el tránsito en la autopista estaba congestionado. Tenía muchísimas cosas que hacer. Una vez más mis ojos se nublaron con las lágrimas. ¿Por qué me sentía tan miserable? ¿Por qué eran las lágrimas mi experiencia de casi cada día?

Lo que me dejaba perplejo de esta situación, era que yo estaba haciendo "todas las cosas correctamente" según lo que el mundo cristiano decía que yo debía hacer.

Estudiaba la Biblia, memorizaba pasajes de las Escrituras, testificaba de Cristo a toda persona que encontraba, y oraba constantemente. Mi dedicación a la iglesia era total: asistía al servicio de la mañana y al de la noche; el lunes visitaba, y el miércoles estaba de nuevo en la iglesia. Participaba en muchas reuniones. No había nada más que pudiese hacer en la iglesia.

Pero eso era sólo el principio. Dedicaba todo mi tiempo al servicio de Dios. Enseñaba en una universidad cristiana y servía como pastor de evangelización en una de las iglesias más grandes de los Estados Unidos. Era el presidente de un ministerio que yo había fundado. Escribía guías de estudio bíblico y tenía un programa radial diario de quince minutos, además de enseñar seminarios en Dallas y por todo el país. ¿Que si estaba ocupado? ¡Debe usted creerlo!

Mi frustración no tenía nada que ver con los deseos de los bienes del mundo, yo había probado todo eso hacía mucho tiempo en el mundo de los negocios. Durante toda mi vida hasta la edad de treinta y seis años, trabajé arduamente para llegar a ser millonario, y buscaba el significado y propósito de la vida en las cosas. Pero esos esfuerzos no me dejaron satisfecho. Más tarde llegué a ser el dueño de un negocio, con la idea de ser mi propio jefe. Pero eso no cambió nada. Me relacioné con ciertas celebridades de Hollywood, pero me di cuenta de que ellos estaban tan vacíos como yo.

Fue entonces, mediante una serie de eventos dramáticos, que me di cuenta de que Jesucristo había muerto por nuestros pecados y había resucitado para que yo pudiese experimentar el poder de la nueva vida en Dios. En esos momentos, di mi vida a Cristo. Oré: "Señor Jesús, si tú puedes cambiarme, entra en mi vida y hazlo. Yo necesito ser cambiado".

¡Y El lo hizo! Por primera vez en mi vida, descubrí lo que era experimentar amor. Dios tomó un matrimonio casi deshecho y nos unió de nuevo. Disfruté por primera vez del gozo de ser padre —antes, siempre había estado ocupado—. Ya no tenía el mismo deseo de alcanzar el éxito a toda costa. Mi preocupación era darle a los demás el mejor mensaje conocido por el hombre y presentarles a otros el mismo Señor Jesús que había cambiado mi vida. Cada día se convirtió en una aventura emocionante. Nunca había estado tan feliz.

Pero eso sucedió hace casi ocho años. ¿Qué pasó? Mis lágrimas eran abundantes al escudriñar mi vida. Pensé en las palabras de un canto de Andrés Crouch: "Señor, llévame a los días en que te conocí". Mi corazón gemía delante de Dios al cantar suavemente esas palabras.

Aquella situación no tenía sentido. Mi vida cristiana años atrás era vibrante, y emocionante. Ahora se parecía al tránsito lento que me rodeaba. ¿Qué ha pasado?

Hoy me doy cuenta de que mi experiencia no era única. Al conversar con cristianos en distintos lugares del país, escuché de ellos la misma pregunta: "¿Qué ha pasado?"

Muchos de ellos están haciendo las "cosas correctamente", como lo hice yo, pero todavía se sienten como si estuviesen corriendo en un callejón sin salida, en una rutina espiritual. Se encuentran muy activos pero sin llegar a ningún lugar.

Van de seminario en seminario, escuchan distintos mensajes en casetes, tratando de encontrar el eslabón perdido que les permitirá hacer funcionar su vida cristiana. Nuestra generación tiene más recursos cristianos para aprender que cualquier generación en la historia. Pero me pregunto: ¿Estamos mucho mejor? ¿Es nuestra experiencia con Dios y su amor más profunda?

Estas preguntas me hacen recordar una observación que me hizo el alcalde Ian Thomas:

> Si una persona no creyente entrara en una librería cristiana, vería los estantes llenos de libros que pretenden enseñar el "cómo" de un sinnúmero de cosas —cómo hacer funcionar un negocio cristiano, cómo dirigir una clase de ejercicios, hasta cómo preparar una cena cristiana—. Su respuesta sería: "¿Acaso ustedes los cristianos *no saben hacer nada?*"

Estoy de acuerdo con él. Creo que nos hemos alejado de las prioridades reales de Dios para nosotros. Con todos esos recursos nos hemos olvidado de cómo *vivir.* Nos hemos olvidado de que la vida cristiana es Cristo, no solamente un cambio en el estilo de vida. Pero cuando nos desviamos de Cristo como nuestra vida, no nos queda otra opción que sustuirlo con actividad y servicio ferviente. Creo que hemos llegado al punto en que para ser miembro de una iglesia no es necesario pasar un examen doctrinal sino físico. Esta ha llegado a ser la medida para que alguien asuma una posición de liderazgo.

Dios comenzó a captar mi atención en una ocasión que no olvidaré. Mac, un hombre de negocios como de setenta años, había sido miembro de una iglesia durante muchos años. Un miércoles por la noche, al escuchar mi testimonio, se dio cuenta de que nunca había recibido al Señor Jesucristo como su Salvador. Aunque él había estado involucrado en muchas actividades religiosas, no tenía ni la menor idea de lo que significaba ser cristiano.

Tras pasar varios días considerando el asunto y haciéndome preguntas, Mac hizo su decisión. En el servicio de la noche, en la iglesia, decidió pasar al frente para hacer pública su decisión de fe en Cristo. Yo estaba al frente como consejero, y muy conmovido al ver a este hombre recibir a Cristo en una forma tan diáfana. Ambos teníamos lágrimas en los ojos al estar frente al pastor.

"Bob, esto es tremendo", exclamó el pastor. "Mac es uno de los hombres de negocios más brillantes de la ciudad. Es acaudalado y talentoso, de modo que necesitamos ponerlo a trabajar muy pronto".

Nunca olvidaré a Mac, con sus ojos llenos de lágrimas, que decía con voz temblorosa: *"Pastor, yo no necesito un trabajo. Yo necesito a Cristo"*.

Cuando escuché su respuesta, yo sabía que él estaba hablando con mucha sabiduría, de la cual quizás ni se daba cuenta. Yo pensé: "Tal vez eso es lo que está mal en *mí*". Pensaba de mi vida cristiana más como un trabajo que como una relación.

También he escuchado esa triste afirmación de muchos otros cristianos. Algunos experimentan una conversión genuina en el Señor Jesucristo que resulta en cambios inmediatos. Pero parece que de ese punto en adelante no saben cómo vivir. Obedecen todos los mandatos que otros creyentes les dan, y comienzan a servir como en un callejón sin salida. No tardarán mucho en descubrir que ninguna cantidad de servicio —por muy sincero que sea— les hará espirituales. En su desesperación doblan sus esfuerzos, pero al igual que uno que se halla en arena movediza, parece que mientras más tratan de salir más se hunden.

Otros caen cautivos del miedo y el sentimiento de culpa, y por ello se malogra su crecimiento personal. Por ejemplo, María me escribió acerca de sus experiencias:

Yo crecí en una denominación muy estricta en la cual aprendí a tenerle miedo a Dios. He asistido a muchas iglesias desde que nací de nuevo, he hablado con muchos pastores, consejeros, psiquiatras y psicólogos. Pero no fue hasta que aprendí acerca de la gracia de Dios y su perdón total que llegué a sentirme liberada.... Ahora ya no cargo el peso de mi pecado sobre mis espaldas, mirando sobre mi hombro para ver si Dios está persiguiéndome con su vara.

Me he dado cuenta de que la experiencia descrita por María es la de muchos creyentes. Al igual que los niños de padres déspotas, esos creyentes viven constantemente inquietos, temiendo sufrir la aplicación de la vara de Dios. Consciente o inconscientemente, viven bajo una lista de reglas. Cuando las cumplen, se sienten "bien"; cuando pasan por alto una de ellas, se sienten "mal". Como resultado, muchos cristianos viven en una terrible esclavitud, preocupados de si están obedeciendo o siguiendo las reglas y las actividades correctas para complacer a Dios. Una carga opresiva de culpa llega a ser su experiencia diaria normal.

No es muy difícil reconocer que estas personas sufren mucho. Por fuera sonríen, repiten frases muy comunes entre los cristianos, y realizan distintas funciones en la iglesia. Pero por dentro, saben que simplemente están desempeñando un papel teatral. A ellos les gustaría liberarse de toda carga. Ansían compartir sus temores, dolores y dudas, pero no lo hacen por miedo a ser condenados. De modo que sufren su propia condenación, con duda en el corazón de que Dios los acepte.

Recientemente estaba enseñando una serie de estudios bíblicos acerca del temor y la ansiedad. Le pedí a los alumnos que escribieran sus respuestas a la pregunta: "¿A qué le tiene usted miedo?" Entre las múltiples respuestas, algunas eran muy tristes. Una persona describió su ansiedad como "el miedo de no hacer lo correcto delante del Señor y continuar viviendo una mentira". Después de muchos años de ser consejero personal, le puedo asegurar que esta persona no es un caso único.

¿Es esto, entonces, lo que Jesús tenía en mente al hablar de la "vida abundante"? ¡No! Pero si los individuos nunca han experimentado algo diferente, aceptarán sus ideas como normales.

Un ejemplo vívido de la infancia de mi esposa viene a mi memoria. Amy creció en Rusia (Ucrania) durante el hambre de los años treinta. Ella nunca tuvo un par de zapatos hasta los ocho años de edad. Un día le dieron un par de zapatos usados que eran muy pequeños para sus pies. "¿Cómo te quedan?", le preguntó su mamá.

"Muy bien", exclamó Amy, muy agradecida de tener un par de zapatos. Durante mucho tiempo, la definición de la palabra "zapatos" para ella sería algo así: "Los zapatos son cosas que causan dolor en los pies, pero nos permiten jugar en el frío".

El día llegó cuando finalmente se puso un par de zapatos del tamaño adecuado. Para su sorpresa, ya los zapatos no le causaban ningún dolor. Se dio cuenta de que los zapatos pueden ser hechos de acuerdo al tamaño de los pies y éstos sentirse cómodos.

Yo creo que esta historia ilustra la vida de muchos cristianos. Es obvio que saber que vamos al cielo cuando morimos es mejor que la incertidumbre y el temor del juicio. Pero hemos llegado a esperar tan poco de la vida cristiana aquí en la tierra, que nos conformamos con ser "cristianos de segunda clase".

Cuando escucha todo acerca de lo que debiera estar experimentando pero no sucede, usted se ve entre la espada y la pared: o admite la verdad y se siente avergonzado, o trata de aparentar que se siente muy bien.

Si usted ha estado en este dilema, yo tengo buenas noticias. La vida cristiana en realidad *no es* asunto de perfeccionar su habilidad teatral. ¡*Puede ser* algo real! Conozco su dolor, ya que yo también lo he sufrido. Pero en este libro voy a compartir con usted las verdades que Dios ha usado en mi vida para liberarme. Me tomó varios años aprender estas cosas. Mucho de lo que sé ahora, lo aprendí de la manera más difícil —a través de mis fracasos personales—. Pero esas lecciones son a menudo las que tienen más valor en el resto de la vida.

Fue justamente ese mismo día en que me hallaba varado en medio del tránsito, que Dios comenzó a dirigirme a las respuestas que yo estaba buscando. Recordé las palabras de Jesús: "Y conoceréis la verdad, y la verdad os hará libres" (Juan 8:32). Se me ocurrió que si "la verdad nos libera" entonces lo opuesto es cierto también: "el error esclaviza". Identificar este principio fue un punto culminante para mí. *La verdad os hará libres; el error esclaviza.*

¡Mi mente rápidamente identificó el hecho de que yo no estaba libre! Había una razón: Estaba viviendo de acuerdo al error y no a la verdad. Me hice la siguiente pregunta: "¿En qué áreas de mi vida cristiana he caído en el error?" Recordé los primeros días de mi vida cristiana: yo estaba fresco y lleno de entusiasmo. Luego comparé esos días con mi experiencia actual. En muchas áreas existía un marcado contraste.

Algunos de los asuntos implicados eran tan fundamentales como mi actitud hacia el estudio bíblico. Cuando recibí a Cristo a la edad de treinta y seis años, me enfrasqué en la lectura de la Biblia. Durante muchos meses, mi esposa pensó que yo ya casi tenía cara de "cuero negro". Siempre metido en la Palabra. Pero con el tiempo, mi amor sincero por Cristo llegó a oscurecerse con el incremento del conocimiento teológico.

En mi preocupación con la Palabra de Dios (que ciertamente es una buena forma de comenzar) pasé por alto algo importante. Jesús nunca dijo que la Palabra nos haría libres; es la *verdad* de la Palabra lo que nos hará libres. Jesús dijo: "Si permaneciereis en mi Palabra ... conoceréis la *verdad,* y la verdad os hará libres" (Juan 8:31-32). Y luego dijo: "Si el *Hijo* os libertare, seréis verdaderamente libres" (Juan 8:36).

¿Hacia adónde nos dirige la Palabra? ¡Al Hijo!

Yo conocía la Palabra al derecho y al revés, pero el conocimiento por sí solo, no cambió mi condición. En mi experiencia, Jesús se perdió en la Biblia. Yo recordé cómo El se refirió a los fariseos:

"Escudriñad las Escrituras; porque a vosotros os parece que en ellas tenéis la vida eterna; y ellas son las que dan testimonio de *mí; y no queréis venir a mí* para que tengáis vida" (Juan 5:39-40).

Yo recuerdo una frase muy popular en reuniones evangelísticas. Era la respuesta a un común comentario no cristiano: "No me gusta la religión". La respuesta: "El cristianismo no es una religión; sino una relación con Dios por medio de su Hijo Jesucristo". Esta frase es totalmente verdadera. Pero vi con asombro que mientras yo continuaba citándola al hablar con algún inconverso, en mi propia vida me había alejado de mi relación con Dios y estaba practicando una religión.

Yo extrañaba el gozo que experimentaba durante los dos primeros años de mi vida cristiana. A menudo me levantaba a las cuatro de la mañana —generalmente no soy de los que suelen madrugar— a estudiar la Biblia y disfrutar momentos íntimos con mi Padre celestial. Nadie me ordenó que lo hiciera. Yo *deseaba* hacerlo.

Durante esos dos primeros años de mi vida cristiana era un gozo vivir. Por primera vez, estaba descubriendo lo que significaba amar a mi familia. Compartí mi fe con hombres de negocios. Enseñé estudios bíblicos. A pesar de que en algunas de mis ventas tenía hasta $20.000 de ganancia, me emocionaba más hablarles a los clientes acerca de Jesús.

Qué contraste con mis frecuentes lágrimas cuando manejaba en la autopista unos años más tarde. ¿Qué había sucedido? Parecía que toda la emoción había desaparecido después que vendí mi negocio y me dediqué por entero a servir a Dios. Era evidente que mi corazón no estaba en los negocios; además, ¿qué podría darme más gozo? Pensé que ya había logrado lo mejor de mi vida —una vida dedicada al ministerio.

Pero, de algún modo, yo nunca tenía la tranquilidad que había esperado tener. Continuaba enseñando estudios bíblicos, y compartiendo mi fe. Pero en lugar de hacerlo porque así lo deseaba, más bien me sentía obligado. Alguien también me recordó que debía celebrar mi devocional cada mañana. Tenía que escribir el reporte que indicaba con cuántas personas había hablado acerca de Cristo y cuántos estudios bíblicos había dirigido. Mi gozo se esfumó, y esas actividades llegaron a ser mecánicas. Los momentos íntimos que pasaba con el Señor temprano en la mañana comenzaron a ser menos frecuentes, y otras cosas comenzaron a demandar mi atención. Después de haber guiado a Cristo a cientos de personas como hombre de negocios, comencé a perder interés en hablarles a otros acerca de Cristo. No me malentienda, todavía experimentaba una tremenda emoción cada vez que alguien recibía a Cristo. Pero cuando usted ha perdido el gozo de la salvación, y empieza a compartir a Cristo en un espíritu de deber, competencia o hábito, ya no existe entusiasmo que lo estimule a seguir. Después de todo, ¿qué podría decirles? "Háganse cristianos, y siéntanse miserables como yo".

Pensé en el reto que me llevó a dedicar todo mi tiempo a servir a Dios: "Ven y ayúdame a cambiar el mundo". Yo respondí con entusiasmo. Pero no creo que el mundo cambió mucho.

Después de dos años de servicio en el sur de California, fui enviado a Dallas para dirigir un gran campaña evangelística que abarcaba toda la ciudad. Durante tres años me dediqué por completo a esta causa —ayudar a cambiar la ciudad de Dallas—, pero cuando terminó la campaña, tuve que admitir que Dallas en realidad no había cambiado. Después de bastante evaluación, decidí que lo que en realidad se necesitaba era una campaña para ayudar a cambiar la iglesia desde adentro. Comencé a adiestrar líderes para que entrenaran a otros en la iglesia local. Llegué a ser el director de evangelización de una de las iglesias más grandes. Pero pronto me di cuenta de que tampoco podía cambiar la iglesia. Era algo ridículo pensar en cambiar todo a mi alrededor *cuando yo no podía cambiar*.

Había otro error que me esclavizaba. Al pensar en ello detenidamente, me di cuenta de que *¡Cristo no me llamó a cambiarlo todo, sino a proclamar la verdad!* Con razón me sentía frustrado. Estaba siguiendo una meta que Dios nunca me había dado. Al perseguir esa meta, perdí totalmente el gozo de conocerle a El. Lo que antes era una experiencia genuina del amor de Dios, llegó a ser sólo un aspecto externo. Estaba totalmente comprometido con el *plan* de Dios, pero me había alejado del *Dios* del plan. Podía negarlo por un momento, pero deseaba experimentar lo real sin ninguna clase de máscara, y sin el aplauso de los cristianos.

Al final, me cansé de esto. Yo deseaba experimentar de nuevo el gozo de mi salvación. Al salir de la autopista, y aproximarme a mi oficina, le dije al Señor en oración:

Señor, no me importa lo que me enseñó la organización en la cual yo estaba, como tampoco lo que me ha enseñado la iglesia donde estoy ahora, o la denominación a la cual pertenezco. Yo deseo que *tú* me enseñes de nuevo. Deseo conocer la verdad que tú prometiste que me libertaría. Estoy cansado de escuchar a la gente. Ahora estoy dispuesto a escucharte.

Hoy, años más tarde, le puedo decir que Dios es más real de lo que aun soñé. Ahora yo disfruto de una libertad genuina al entender quién soy en Cristo. Mi relación con Dios es ahora más emocionante que cuando comencé en 1969. Irónicamente, estoy más ocupado que antes. Pero el trabajo del ministerio ya no es una carga; es un gozo. Ya no estoy tratando de cambiar el mundo o algo más. Estoy contento permitiéndole a Dios que me use para obtener los resultados que El desee. En este libro voy a compartir con usted lo que he aprendido. Si ha sentido alguna vez que su vida cristiana parece más un trabajo que una aventura; o si ha dicho alguna vez: "Tiene que haber algo más en la vida cristiana que lo que yo estoy experimentando", o si *no* es un cristiano, pero es alguien que busca y está confundido por todas las denominaciones y grupos, que se pregunta si hay "algo real", le invito a que se una conmigo en este viaje. Es el mismo viaje que yo realicé a través de las Escrituras y de las experiencias reales de la vida. Una jornada para descubrir no sólo las *palabras* de la Biblia, sino para descubrir la *verdad* de esas palabras. Más que todo, yo deseaba conocer totalmente la persona de Jesucristo, que la Biblia revela. Le doy gracias a Dios con todo mi corazón por haberme permitido encontrar lo que estaba buscando —el retorno al cristianismo clásico—. Es mi oración, que también usted descubra "lo auténtico".

Quizás ya usted conozca los pasajes que vamos a examinar, hasta de memoria. Lo que espero y por lo cual oro es que usted encuentre en este libro la *verdad* de estos versículos, que le liberará. Yo oro para que sus ojos se abran y así pueda ver todos los regalos divinos que Dios ha decidido dar a todos los que le aman.

2

La verdad acerca del error

Tres años habían transcurrido desde que hablé con Pedro. El era un alcohólico a quien traté de aconsejar durante cierto tiempo. Pero él no quería responsabilizarse de sus problemas, y finalmente dejó de verme. Para mi sorpresa, una noche me llamó por teléfono.

No fue una conversación muy amena que digamos. Me pidió un favor que yo no podía hacerle, ante lo cual respondió con una vulgaridad. Reaccionando con calma, le dije:

"Pedro, tú estás usando esa clase de lenguaje para asustarme, pero no vas a lograrlo. En un tiempo, yo usé esas palabras probablemente más que tú".

"Le odio", respondió él.

"Pedro esa es tu decisión. Pero yo te amo".

Esa expresión le causó más cólera. No es nada divertido odiar a alguien cuando la otra persona no nos odia. Finalmente Pedro gritó:

"Me las va a pagar".

La llamada telefónica no me molestó. Se lo conté a mi esposa Amy y le manifesté que lo triste era que Pedro no quería reconocer la verdad y disfrutar de la libertad que Cristo deseaba darle. Ya era tarde, de modo que nos fuimos a acostar. Quince minutos después de haber apagado las luces, escuché que un auto paraba repentinamente frente a mi casa. Me levanté y miré por la ventana. La puerta del vehículo se abrió y un hombre con una mirada salvaje, despeinado y con un cuchillo en la mano salió de él. ¡Era Pedro!

Sentí el corazón en la boca. Le grité a mi esposa que se metiera en el clóset.

Rápidamente corrí al cuarto de mi hijo, le ordené que se metiera debajo de la cama, y enseguida agarré un bate de béisbol de su clóset. Luego corrí al cuarto de mi hija y también le dije que se escondiera debajo de la cama. Me paré detrás de la puerta y esperé. Podía escuchar mi corazón latir aceleradamente con cada segundo que transcurría, y mis oídos atentos a cualquier sonido.

Por momentos me sentía seguro, ya que la puerta estaba cerrada con llave. De repente, escuché una fuerte patada en la puerta, luego otra, y la puerta se abrió de par en par. Aquel hombre de noventa y dos kilogramos entró a la casa enfurecido. Pero, yo estaba esperándole. Con todas mis fuerzas, le descargué un tremendo batazo en la cabeza. La sangre manchó la pared y se desplomó. Pero no paré, continué asestándole golpes una y otra vez, hasta dejarle inconsciente.

Luego miré horrorizado lo que había hecho. Corrí hacia la cocina y llamé a la policía... Todo sucedió en una sola noche —*en mi mente*— mientras descansaba en la cama.

La llamada telefónica de Pedro había sucedido en realidad. El resto de la historia era sólo mi imaginación al interpretar sus palabras: "Me las va a pagar", y viviendo todas las posibilidades que parecían muy reales. Pedro nunca vino a mi casa. No había por qué temer. Pero mi corazón latía fuertemente, sudaba y temblaba con enojo al pensar en cómo defender a mi familia.

Yo experimenté todas estas cosas debido a una razón fundamental: nuestras emociones no pueden distinguir entre realidad y fantasía. Mis emociones no sabían que no existía un peligro real. Ellas simplemente respondieron a los mensajes enviados por mi cerebro. Era como si los eventos descritos estuvieran sucediendo realmente. Ese es el peligro del error. Cualquier cosa que coloquemos en la mente afectará nuestras emociones.

Nuestras emociones siempre siguen a nuestros pensamientos. Reaccionan. Si no lo cree, vea una película de terror. Hace años vi una película de Alfred Hichtkok: *"Psicópata"*. Recuerdo que lo que vi en la pantalla me asustó a lo sumo. Me imagino que usted ha tenido la misma experiencia.

¿No es eso ridículo? No existía ninguna clase de peligro real para mí, era solamente una película. Pero mis emociones no lo sabían. Ellas creyeron que todo era real. Yo estaba respondiendo a los mensajes enviados a través de mis ojos y de mis oídos. De esa manera hemos sido creados. Lo que el hombre *piensa,* determina lo que *sentirá*.

Nosotros no podemos controlar nuestras emociones, pero sí los pensamientos. Hay una frase que usan los programadores de computadoras que está representada por las iniciales GIGO. Eso significa: "basura que se encuentra, basura que se saca". Por supuesto, lo opuesto también es verdad. Los pensamientos realistas producirán emociones realistas. Por esa razón la Biblia continuamente apela a nuestras *mentes,* y no a nuestras emociones. Por ejemplo, Pablo escribió en Filipenses 4:8: "Por lo demás, hermanos, todo lo que es verdadero; todo lo honesto, todo los justo, todo lo puro, todo lo amable, todo lo que es de buen nombre; si hay virtud alguna, si algo digno de alabanza, *en esto pensad*". Los pensamientos con los que constantemente alimentamos nuestra mente determinarán nuestras emociones y deseos, los cuales, a su vez, determinarán nuestras acciones.

El hombre es libre de colocar lo que desee en su mente. Sus emociones responderán a esos pensamientos. Si estoy temeroso, es porque mis pensamientos están relacionados con el temor. Si estoy enojado, es porque tengo pensamientos de ira.

Por lo tanto, es absolutamente crucial que desarrollemos pensamientos verdaderos y no erróneos. Es aun más esencial que aprendamos a vivir como Cristo nos enseñó —un día a la vez—. El revisar el pasado constantemente una vez que hemos aprendido sus lecciones, no hace más que revivir antiguas emociones. Proyectarnos hacia el futuro, de igual modo, suscita emociones que pueden paralizarnos en el presente. A propósito, esa es la razón por la que muchas de las camas en el hospital están ocupadas; muchos pacientes con problemas psíquicos han perdido la habilidad de enfrentar el presente debido al error de estar obsesionados con el pasado o con el futuro.

Una de las mejores ilustraciones gráficas del poder del pensamiento erróneo y cómo éste afecta las emociones es la experiencia de Doreen. Rafael y Doreen habían sido amigos de nuestra familia durante muchos años. Ellos decían lo que pensaban y estaban muy involucrados en la iglesia. Socialmente permanecían muy activos en su comunidad. Sus hijos ya estaban en la universidad o a punto de comenzar sus carreras. Las apariencias indicaban que esta familia había logrado cierta comodidad financiera.

Pero todos sabemos que las apariencias engañan. Yo no sabía que tenían serios problemas, hasta que un día un amigo mío y médico me llamó para decirme que Doreen había ingresado en el hospital Baylor y estaba en una posición fetal. No se había lavado el pelo, ni bañado, ni había dormido durante días. Era alimentada por vía intravenosa, y se encontraba en tal grado de depresión, que los doctores la enviaron a un psiquiatra.

El doctor me dijo que su esposo Rafael no deseaba que su esposa recibiera tratamiento psiquiátrico. Sin embargo, Rafael me llamó para ver si podía ir a hablar con Doreen. "Francamente, no pienso que suceda algo bueno, pero tampoco va a dañarle. ¿Podrías venir a hablar con ella". Naturalmente, yo accedí. Al dirigirme al centro médico, lo hice con la seguridad de lo que Jesús quiso decir en Juan 8:31-32, "Si vosotros permaneciereis en mi palabra, seréis verdaderamente mis discípulos; y conoceréis la verdad, y la verdad os hará libres".

Evidentemente Doreen estaba esclavizada —en la posición fetal—, incapaz de alimentarse o asearse por sí misma. Según Jesús, la razón por la cuál ella estaba en esa situación era el error. Mi trabajo era identificar el error y sacarlo a la luz de la verdad de Dios.

En su cuarto del hospital, comencé por preguntarle qué le estaba causando el problema: "¿Qué está sucediendo en tu vida que provoca esta depresión".

"Desde que mi hija anunció su compromiso para casarse, no hemos tenido más que problemas. Ese no es el hombre para ella. Se lo he dicho muchas veces, pero ella no quiere escucharme. Y entonces..."

Doreen procedió a explicarme que su hija no quería una boda grande, sino pequeña. Ella deseaba la recepción en un club y no en la iglesia, y quería que se sirviera champán. Doreen siempre imaginó una gran boda en la iglesia para Robin y, conforme a las creencias de su denominación, no quería champán en la recepción.

"Ahora, después de todos los problemas que hemos tenido, Robin no desea ni siquiera una boda en la iglesia. Se ha ido de la casa y se mudó a Oklahoma donde vive su novio".

"Eso sería suficiente para volver loco a cualquiera", le dije después de escuchar todas sus quejas. "Vamos a analizar esto punto por punto, comenzando por la boda. ¿De quién es esta boda? ¿Tuya o de tu hija?"

"De Robin", contestó ella.

"Muy bien, ahora Doreen, ¿conoces al señor?"

"Sí".

"Entonces, ¿quién vive en ti?"

"Cristo".

"Y tu hija, ¿conoce ella a Cristo?"

"Sí".

"¿Y su novio?"

"El también es cristiano".

"De modo que los tres son cristianos. Los tres tienen a Cristo en su ser. Sin embargo, ustedes no se llevan bien. Eso no tiene mucho sentido, ¿no es cierto? Permíteme preguntarte: ¿Qué sucede con este joven, que estás tan preocupada? El conoce al Señor y Robin le ama. ¿Por qué estás tan enojada con este muchacho que tu hija ha elegido? Doreen no contestó mi pregunta, pero comenzó a hablar del champán. "¿Por qué insisten en tener champán en la recepción?"

"Si ellos desean tener "champagne" en la boda, ¿por qué no permitirles que lo hagan? Si tú no estás de acuerdo, por tus convicciones, entonces déjales a ellos la decisión. Después de todo, es su boda".

"Pero las personas de la iglesia... será un escándalo".

"De modo que ese es el problema. Tú estás más interesada en lo que los miembros de la iglesia van a pensar que en los deseos de tu hija". Doreen retrocedió con mis palabras. Rápidamente, la presioné aun más. "Déjame decirte esto, al día siguiente de la boda, la gente de la iglesia no va a estar pensando en nada, pero tu hija sí, y mucho. Pensará que sus padres no respetaron la clase de boda que ella deseaba tener. Esas ideas perdurarán en su mente durante muchos años. Olvídate de las otras personas. Como he dicho en otras ocasiones: 'Si te preocupa lo que otras personas piensan de ti, ¡olvídalo! a ellos no les preocupa'. La mayoría estarán pensando acerca de sí mismos. Así es la gente".

"Sí, pero ¿qué del respeto que mi hija me debe? Ella está enojada conmigo. Ha sido irrespetuosa con su padre y conmigo".

"Doreen, eso puede ser cierto. Pero esa es responsabilidad de ella. Tú no puedes controlar cómo ella se comporta contigo. Tú sólo puedes controlar cómo tú te comportas con ella".

"Sí, pero..."

Nuestro diálogo continuó durante cuatro horas. Por cada objeción que ella hacía, yo intentaba exponer el error e identificar la verdad. Finalmente, llegamos al meollo del asunto.

"Doreen, el hecho es que tanto tú como Rafael han estado actuando como personas que no conocen al Señor. Estás paralizada de miedo, y estás llena de justicia propia, y amargura, y sentimientos duros en tu corazón hacia tu hija. Lo que en el fondo estás diciendo es: 'Robin, no me interesa lo que tú deseas hacer. Tú vas a tener la clase de boda que nosotros deseamos que tengas, no la que tú quieres'. Doreen, eso es puro egoísmo. Al hacer esto vas a perder a tu hija, y todos los detalles del mundo acerca de esta boda, no son comparables a lo que significa perder a tu hija".

Doreen se secó las lágrimas, y asintió.

"Mi recomendación es que la llames por teléfono ahora mismo y le digas que la amas, y que si este es el hombre que *ella* ha escogido, entonces es el que *tú* también has escogido, y que él formará parte de tu familia y ustedes lo amarán igual que la aman a ella. Y si ella desea una boda pequeña, que así lo harán. Y si ella desea la recepción en el club, así se hará. Es su día. ¿Qué te parece?"

"Sí, creo que es lo correcto".

Me levanté para irme y, al dirigirme a la puerta, Doreen ya había tomado el teléfono. Al detenerme por un momento, le escuché decir:

"Robin es mamá. Te amo mucho. Discúlpame por la manera en que me he comportado todos estos días. Hemos actuado como personas que ni siquiera conocen al Señor..." Las lágrimas corrían por sus mejillas, y se reconciliaron.

Doreen colgó el teléfono y, mirándome, me habló:

"La última cosa que Robin dijo fue: 'Mamá iré pronto a verlos, a ti y a papá'".

Ella estaba muy cansada después de nuestra discusión, de modo que me despedí para que descansara. Esa noche el doctor me llamó a la casa y me dijo:

"Bob, ¿qué hiciste con Doreen?" Al principio por el tono de su voz, me pregunté si Doreen había cometido suicidio o había regresado a su posición fetal. De modo que le contesté: "Espero que nada, ¿por qué?"

El me explicó: "Cuando visitaba a los pacientes, Doreen estaba levantada. Se había bañado y arreglado el pelo, y había cenado bien, y mañana por la mañana le daré de alta".

Cinco años más tarde, Doreen tiene una relación muy íntima con su hija y su yerno. Realizaron la boda que su hija deseaba. Todo salió bien.

¿Porqué estaba Doreen en el hospital con problemas emocionales tan serios? No se debía a la realidad. Más bien, ella se imaginaba cómo iban a ser las cosas, basada en sus ideas preconcebidas, no en hechos verdaderos. Francamente ese es el problema con la mayoría de las personas que están muy deprimidas. Se encuentran atrapadas en un error, y ese error las esclaviza psíquica y emocionalmente. ¿Cómo podemos, entonces, discernir entre el error y la verdad? Podríamos comparar el problema con el de un banquero que sabe que la moneda falsificada está circulando, y desea enseñar a sus empleados a distinguir entre el dinero verdadero y el falso. El método que él escoge no es enfocar su atención en los billetes falsos, sino que les enseña una y otra vez la moneda verdadera, de modo que cuando un billete falso pase por sus manos lo descubran inmediatamente.

De igual manera, los cristianos poseen una defensa contra el error. Esta defensa consiste en estar familiarizados con la verdad como Dios la ha revelado en las Escrituras; así cuando se enfrentan con el error, le es fácil reconocerlo. Pero si los cristianos no están cimentados en la verdad, quedan vulnerables al error.

La guerra entre la verdad y el error ha existido durante miles de años. Cuando Adán y Eva pecaron en el huerto de Edén, no cometieron adulterio. Tampoco robaron o quebrantaron uno de los Diez Mandamientos. Todo comenzó cuando creyeron una mentira en lugar de la verdad. Dios le dio a Adán un solo decreto: que no comiera del árbol del bien y del mal. En conformidad con esa única ley, Adán reconocería que Dios, y únicamente Dios, tenía la facultad de determinar lo que era bueno y lo que era malo. El día que Adán escogió comer de ese árbol, llegó a ser como Dios en el sentido de que él determinó para sí mismo qué era lo correcto y lo incorrecto, y lo malo y lo bueno. Desde el día de la caída, el hombre ha continuado diciendo: "Dios, yo sé más que tú acerca de lo que es cierto o errado, bueno o malo. No te necesito para que me digas la verdad. Yo puedo descubrirla por mí mismo". Este es el error fundamental —la mentira en contra de la verdad.

La meta de Satanás es, como era en el huerto de Edén, convencernos de que la mentira —lo falso— es la verdad. Podríamos ilustrarlo imaginándonos que usted vive cerca de un campo verde y apacible. Vamos a suponer que uno de sus vecinos es su enemigo y usted no lo sabe. El le odia, y dedica todos sus esfuerzos para destruirle. Su enemigo sabe que ese hermoso terreno está en venta, y que además de su belleza natural tiene petróleo. El no puede comprar el terreno, pero como le odia tanto, está determinado a hacer lo imposible para impedir que usted lo compre. Lo logra durante un tiempo, pero un día, usted descubre ese terreno y lo compra.

Su enemigo, por supuesto, está furioso porque usted adquirió esa propiedad, pero carece de poder para alterar ese hecho. Sin embargo, su odio es tan obsesivo que decide hacer lo imposible para que usted nunca sepa que en ese terreno hay petróleo. Una estrategia que usa es mantenerle ocupado con toda clase de actividades. El cree que si usted está siempre ocupado, nunca se dará cuenta de que hay petróleo bajo sus pies. Si eso no funciona, entonces él tratará de desviar su atención con toda clase de regulaciones para que usted no haga nada productivo con la tierra. Con cualquier método que use, si tiene éxito, él enemigo habrá hecho casi tanto daño como si hubiera impedido que usted comprara la propiedad.

Eso es lo que Satanás trata de hacer con nosotros. Cuando llegamos a ser hijos de Dios, y la verdad ha llegado a ser nuestra, Satanás ha perdido la batalla más importante. Ahora, su única arma es tratar de llenar nuestras mentes con error, para que nunca descubramos las riquezas que hemos heredado como hijos del Dios viviente. Así como sucedió con Doreen, el temor es una de sus tácticas. A Doreen le atemorizaba el futuro. Ella había olvidado que "no nos ha dado Dios espíritu de cobardía, sino de poder, de amor y de dominio propio" (2 Timoteo 1:7). A Satanás le sacaron las uñas y los dientes en la cruz. Todo lo que él puede hacer es rugir y apretarnos con las encías. La única manera en que puede atacarnos es por medio de la falsedad, creando temores infundados con la mentira.

El usa cualquier método para impedir que experimentemos plenamente las riquezas de Dios. Cualquier error, no importa si es grande o pequeño, sirve a sus propósitos. El usa las filosofías que están en boga en el mundo, versículos bíblicos fuera de contexto, personalidades carismáticas que "aparentan" ser sinceras y estar en lo correcto. El no pasa por alto ningún método en su intento de engañar a los hijos de Dios.

Satanás dice: Busca el éxito a cualquier precio. Dios dice: "Buscad primeramente el reino de Dios y su justicia; y todas las demás cosas os serán añadidas" (Mateo 6:33).

Satanás dice: Busca las riquezas a cualquier costo. Dios dice: "No os hagáis tesoros en la tierra ... sino haceos tesoros en el cielo" (Mateo 6:19-20).

Satanás dice: Empuja a los demás para ser el primero. Dios dice: "Si alguno quiere venir en pos de mí, niéguese a sí mismo" (Mateo 16:24).

Satanás dice: si tú no te cuidas a ti mismo, nadie más lo va a hacer. Dios ayuda a los que se ayudan a sí mismos. Dios dice: "Nada hagáis por contienda o vanagloria; antes bien con humildad ... no mirando cada uno por lo suyo propio, sino cada cual también por lo de los otros" (Filipenses 2:3-4).

Satanás dice: Yo no puedo ser feliz a no ser que esté casado (o a no ser que esté soltero). Dios dice: "He aprendido a contentarme cualquiera que sea mi situación" (Filipenses 4:11).

Satanás dice: Bebe, come, y alégrate porque mañana moriremos. Dios dice: "No sólo de pan vivirá el hombre, sino de toda palabra que sale de la boca de Dios" (Mateo 4:4).

Satanás dice: Si te hace sentir bien, hazlo. Dios dice: "No se haga mi voluntad, sino la tuya" (Lucas 22:42).

Satanás dice: Todo es relativo. Dios dice: "Tu Palabra es verdad" (Juan 17:17).

Podríamos seguir, pero el punto es claro. Debemos usar la Palabra de Dios como una plomada para examinar las filosofías, premisas y sugerencias que enfrentamos cada día. Un albañil no puede construir una casa sin plomada, si trata de construirla "a ojo", guiándose sólo por lo que a la vista parece bien, resultará una casa mal alineada. Por lo tanto, necesita una norma inviolable. No importa cómo él se sienta, o cómo sea la apariencia de la casa a medida que progresa, si se atiene a la plomada, logrará una casa derecha.

Así es con la vida. Debemos ver la Palabra de Dios como la plomada con la cual todo es medido. Una mentira no es otra cosa que una mentira contra la verdad. Sin la plomada de la Escritura, no tenemos manera de saber qué es la verdad y qué es error.

Cuando se identifica el error, la única manera de destruirlo es con la verdad —de la misma manera que las tinieblas desaparecen con la luz.

Existe una gran diferencia entre saber lo que *dice* con saber lo que verdaderamente *significa.* Millones de cristianos saben lo que la Biblia dice. Pero muchos no saben lo que significa, porque eso sólo puede ser revelado por el Espíritu. El orgullo del hombre se revela contra la idea de que él no puede entender la verdad espiritual con sus propios esfuerzos, pero la Biblia dice claramente:

"Pero el hombre natural no percibe las cosas que son del Espíritu de Dios, porque para él son locura, y no las puede entender, porque [las mismas] se han de discernir espiritualmente" (1 Corintios 2:14).

La razón es muy sencilla. No hay ninguna persona que pueda leer el pensamiento de otra persona, y si no podemos leer lo que otros seres humanos piensan, mucho menos podremos saber lo que Dios está pensando. Primera Corintios 2:11, nos recuerda:

"Porque ¿quién de los hombres sabe las cosas del hombre, sino el espíritu del hombre que está en él. Así tampoco nadie conoció las cosas de Dios, sino el Espíritu de Dios".

¿Cómo puede Dios enseñarnos sus pensamientos? "Nosotros no hemos recibido el espíritu del mundo, sino el Espíritu que proviene de Dios, para que sepamos *lo que Dios nos ha concedido*" (1 Corintios 2:12). El hombre no necesita el ministerio de la iluminación del Espíritu Santo para entender la ley; la ley fue dada específicamente para el hombre natural. Nosotros necesitamos el Espíritu Santo para que abra nuestras mentes a las cosas relacionadas con las riquezas de Su amor y Su gracia, cosas que Dios nos ha otorgado gratuitamente. Estas verdades se describen en 1 Corintios 2:9 de la siguiente manera: "Cosas que ojo no vio, ni oído oyó, ni han subido en corazón de hombre, son las que Dios ha preparado para los que le aman".

Para entender las cosas que Dios desea enseñarnos acerca de su gracia, debemos ser humildes y dejarnos enseñar, porque "Dios resiste a los soberbios, y da gracia a los humildes" (Santiago 4:6). De la manera que el sol derrite la cera y endurece el barro, el mismo mensaje de la gracia de Dios suaviza el corazón del humilde, pero endurece el corazón del orgulloso. Este no recibe gracia. El ofrecimiento de la gracia es ofensiva al de corazón orgulloso. Es por eso que una persona inculta pero humilde, recibirá un conocimiento de Dios más genuino e íntimo, que algún teólogo educado y arrogante.

Cuando nosotros humildemente permitimos que el Espíritu Santo nos enseñe, sabremos la verdad. Pero cuando estamos muy ocupados en tantas actividades espirituales que ya no escuchamos lo que el Espíritu nos dice, entonces somos candidatos a caer en el error. Ese era mi problema. Yo estaba tan ocupado en actividades espirituales —cosas buenas—, que no me di cuenta hasta que el error inundó mi mente. Necesitaba estar tranquilo para escuchar al Espíritu.

Necesitaba regresar a la Palabra de Dios con un corazón abierto, y escuchar lo que Dios decía.

Entonces descubrí la libertad gloriosa que tenemos como cristianos. Hemos sido libertados para disfrutar la vida en toda su plenitud. Esa libertad nos proporciona los medios para alcanzar lo que deseamos: llegar a ser personas santas con corazones dispuestos para Dios. Con nuestras propias fuerzas, nunca lo lograremos. Todos nuestros esfuerzos humanos terminan en frustración.

Pero hay un camino que lleva a la vida, éste se halla en la obra de Jesucristo, que va de su crucifixión a su resurrección. Examinemos, pues, la obra de Cristo y sus profundas implicaciones para nuestras vidas hoy en día. Es mi oración que en esta jornada, usted también experimente la libertad en Cristo, y comience a disfrutar de la herencia que es suya como hijo de Dios.

3

¡Hombre vivo!
La mitad descuidada
del Evangelio

Una noche, cuando estaba casi a punto de dormirme, sonó el teléfono. Era una vecina que, diculpándose por lo tarde que era, me pedía ayuda. Yo le pregunté:

"¿En qué te puedo ayudar, Susana?"

"Es Stan", contestó ella en voz baja, "se ha emborrachado otra vez. Por favor venga y háblele".

Me levanté y pensé qué le podría decir esa noche. Ya le había dicho todo lo que yo sabía.

En los dos primeros años de mi vida cristiana, me involucré rápidamente en toda clase de ministerios, desde la evangelización, hasta la enseñanza y la consejería. Vi cómo Dios hizo cosas maravillosas en las vidas de las personas, pero Stan seguía siendo un misterio para mí. Tenía sesenta y cinco años de edad, y había sido alcohólico desde que estudiaba en la universidad. Siempre estuvo dispuesto a escuchar acerca de Jesús y su mensaje de perdón de pecados y una nueva manera de vivir. Stan aun pasó al frente en una iglesia local para hacer profesión de fe en Cristo. Pero nada parecía ocurrir en él. Era como si algo estorbaba que el mensaje obrara en él. Continuaba bebiendo como antes, con todos sus degradantes resultados.

En esos días, tuve muchas experiencias tremendas al compartir el mensaje de salvación con cientos de personas, y parecía que en la mayoría de ellas se operaba un cambio inmediato. Pero con Stan no sabía qué esperar, sólo enfatizar el mensaje de esperanza. Su esposa, por otro lado, había sido liberada de la bebida al recibir a Cristo. Era un gozo verla crecer en su fe, y disfrutar de paz como nunca antes. ¿Cómo era posible que dos personas sinceras mostraran semejantes contrastes al haber creído el mismo mensaje? Esta pregunta me intrigaba mientras me dirigía a la casa de Stan. Nunca he dudado del poder o de la verdad del Evangelio. Lo había visto en mi propia vida y en la vida de aquellos que guié a Cristo. Me parecía que era como entrar al cuarto, tratar de encender la luz y que nada sucediera. Nunca se me ocurrió decir que no hubiera electricidad. El uso de ella durante décadas es una prueba fehaciente de su poder. De tal manera que si la luz no se enciende, es probable que haya una mala conexión en alguna parte.

"Señor", oré, "yo no sé cuál es el problema de Stan, ni dónde empezar. Si voy a ayudarle esta noche, pon palabras en mi boca y dame dirección". Dios iba a contestar mi oración esa noche y mucho más. Años más tarde, él me recordó esta situación para ayudarme a juntar todas las piezas de mi vida. Hoy escucho casi cada noche a individuos en nuestro programa radial nacional, *De Persona a Persona,* mediante llamadas telefónicas, describir la misma experiencia, y estoy agradecido de que ahora sé la respuesta que les liberará.

Esa noche toqué a la puerta sin tener la menor idea de lo que iba a decir. Susana abrió la puerta, me agradeció la visita y me indicó que pasara adelante. Allí estaba Stan, un espectáculo que quebrantaba el corazón en su condición ebria, con la familiar expresión vacía, movimientos tambaleantes, y el hablar gangoso. Me senté a hablar con él, dependiendo totalmente del Señor para que me guiara.

Durante largo rato cubrimos el mismo territorio que habíamos discutido antes, sin lograr ningún progreso. Repentinamente, sin premeditación le hice una pregunta que nunca había hecho. Le dije:

"Cuando creíste en Cristo, ¿en cuál Jesús colocaste tu confianza?"

"¿Qué quieres decir?, me dijo con expresión de asombro.

"¿Tenías en mente a un hombre honorable llamado Jesús de Nazaret que vivió hace 2.000 años en Palestina? ¿El hombre histórico que realizó milagros, hizo al ciego ver, y al sordo oír? ¿El hombre que enseñó a las personas a amarse los unos a los otros, y luego murió en la cruz? En otras palabras, Stan, ¿aceptaste a Jesús el *hombre*, o a Jesucristo el *Dios* que se hizo hombre y se levantó de entre los muertos, aquel que es Señor y está vivo hoy, y que ofrece venir y vivir dentro de ti para darte de su propia vida?"

Los ojos de Stan parecían un poco más claros al mirarme intensamente. El contestó:

"Yo recibí al Jesús que vivió hace 2.000 años".

"Entonces, la pregunta que te debes hacer esta noche es si estás dispuesto a colocar toda tu confianza en Jesús *el Dios*. No sólo aceptar que hubo un buen hombre el cual tú deseas imitar, sino aceptar el hecho de que El es el mismo Señor que está vivo hoy y desea vivir en ti. ¿Estás dispuesto a arrodillarte conmigo ahora mismo, y aceptar al Cristo vivo, que tiene poder para cambiar tu vida desde adentro? Stan inmediatamente respondió que sí. Nos arrodillamos, y él, medio ebrio, confió en el Cristo viviente. ¡Vi su cara y noté un hombre nuevo! Después de cuarenta años de alcoholismo, Stan había sido liberado de su dependencia esa noche. No estoy diciendo que todos sus problemas terminaron instantáneamente. Su vicio le había costado su trabajo. Pero en medio de las pruebas y tribulaciones, que serían suficientes para desanimar a cualquiera, Stan continuó confiando en Dios. Pensé en él a menudo, y en un viaje que hice a California me llamó para reunirnos.

Me maravillé al notar el poder divino de sanidad, al ver a este hombre de setenta años parado delante de mí, derecho y alto, comparado con el recuerdo del hombre quebrantado y derrotado que conocí sólo cinco años antes.

La historia de este hombre es un ejemplo inolvidable de la gracia y poder de Jesucristo, quien no sólo le restauró espiritualmente, sino que le capacitó para llegar a ser el dueño de un negocio próspero. Fue un verdadero milagro: la transformación de un hombre inseguro, temeroso y enojado y que escapaba de la realidad en este hombre firme, apacible, feliz, y de visión clara. Anteriormente era una carga para sus seres queridos, ahora Stan era un esposo consecuente, amante y dedicado a servir a los demás debido a su amor por Dios.

Pero había otro aspecto de esta historia que me era difícil de entender, una llave de alguna cerradura que yo no podía identificar. Cinco años antes de esa noche, aprendí una lección en comunicación. El arte de la comunicación no es sólo lo que usted quiere *decir*; sino lo que la otra persona *escucha*. Aunque Stan había aprendido a hablar el lenguaje cristiano, en realidad no había escuchado el verdadero evangelio. El mensaje que había oído era algo así: Ser cristiano significaba aceptar las enseñanzas morales de un gran hombre que vivió hace 2.000 años, e imitarle. Cuando reconocí el error y lo corregí, él fue transformado. Pero no es fácil identificar ese punto crítico. A menudo se debe probar de muchas maneras hasta encontrar el error que es la piedra de tropiezo para el entendimiento.

Unos años más tarde, al preguntarme qué pudo causar mis lágrimas el día que iba por la autopista, me acordé de Stan. "¿Dónde estoy perdiendo el mensaje?", me pregunté. "¿Dónde estoy fallando para no oír lo que Dios dice?" Dios abrió mis ojos para ver la respuesta. En medio de esos días difíciles, en que corría de un lado a otro en el servicio a Dios, un versículo comenzó a golpear mi mente incesantemente. Era Romanos 5:10: "Porque si siendo enemigos, fuimos reconciliados con Dios por la muerte de su Hijo, mucho más, estando reconciliados, seremos salvos por su vida".

Desde el día que recibí a Cristo, Romanos había sido uno de mis libros de la Biblia favoritos. Lo leí innumerables veces. Pero este versículo adquiría una nueva dimensión.

¿Qué tenía que ver "vida" con todas las cosas?

Si usted me hubiese preguntado en los primeros diez años de mi vida cristiana cómo fui salvo, le habría contestado: "Por medio de la muerte de Jesucristo en la cruz". He escuchado las mismas palabras dichas por la mayoría de los cristianos que he conocido. Pregúnteles: "¿Qué significa ser salvo?" Y en casi todos los casos, escuchará algo como: "Jesús murió por mis pecados, de modo que tengo un lugar en el cielo". Pregúnteles: "¿Cuál es el significado de la muerte de Cristo en la cruz?" Ellos rápidamente contestan: "El murió para el perdón de mis pecados". Pregunte: "¿Qué es lo significativo de la *resurrección* de Cristo?" Y, de acuerdo con mi experiencia, en la mayoría de los casos obtendrá en respuesta un silencio sepulcral.

En algunas ocasiones, alguien dirá que la resurrección demostró que El es el Hijo de Dios, y esto es parcialmente correcto. Pero pregúnteles: "¿Cómo se aplica la resurrección a nuestras vidas?" Y usted encontrará que pocas personas parecen saberlo. Como cristianos a veces somos genios que pasamos por alto lo más obvio. ¿Cuál es la más obvia implicación de la palabra resurrección? ¡La restauración de VIDA!

Tal vez usted ha tenido la experiencia de que alguien le señale una palabra por primera vez. De repente comienza a encontrar la palabra de nuevo cuando lee el periódico, en conversaciones, en carteleras —parece que está detrás de cada árbol—. La palabra siempre ha estado allí, solamente que usted no se había percatado de ella. Esa fue mi experiencia con la palabra "vida" en la Biblia. Me parecía como si Dios hubiera escrito de nuevo la Biblia. El Evangelio de Juan, especialmente, parecía estar repleto de la palabra "vida".

"Yo he venido para que tengan VIDA, y para que la tengan en abundancia" (Juan 10:10). "El que oye mi palabra, y cree al que me envió, tiene VIDA eterna; y no vendrá a condenación, mas ha pasado de muerte a VIDA" (Juan 5:24). Aun el tan familiar Juan 3:16 parecía nuevo: "Porque de tal manera amó Dios al mundo, que ha dado a su Hijo unigénito, para que todo aquel que en él cree, no se pierda mas tenga vida eterna".

Cuando vi esto, surgieron varias otras preguntas en mi mente. Jesucristo dijo que El vino para dar vida. ¿Qué clase de persona necesita vida? La respuesta es clara: Sólo los que están muertos. Por ejemplo, Efesios 2:1 dice: "Y El os dio vida cuando estabais *muertos* en vuestros delitos y pecados". Antes, si alguien me preguntaba cuál es el problema de la humanidad, yo siempre discutía acerca del pecado y la necesidad del perdón de Dios. Por cierto, esto es verdad, pero comencé a ver, por medio de las Escrituras que el problema del hombre era mucho más profundo. Desde el punto de vista de Dios, el problema del hombre no es solamente que él es un pecador con necesidad de perdón; su problema mayor es que está *muerto* y necesita *vida*.

Pensando de nuevo en Stan, si hay algo que describe la transformación que vi en él fue precisamente esto. El no necesitaba más sinceridad, siempre había sido sincero. No necesitaba más fuerza de voluntad. El había tratado de cambiar con la misma determinación que he visto en cualquier hombre. El no necesitaba estar más convencido de sus pecados, Stan se odiaba a sí mismo por lo que había llegado a ser a causa del alcohol. Lo que le hacía falta a Stan, lo que Dios le había dado la noche que Sue me llamó para que fuera a su casa, era VIDA. Con razón nada le había ayudado. Pero una vez que Stan fue levantado a la vida, todo cambió. Lo que vi en él fue la diferencia entre un hombre vivo y uno muerto.

Este concepto me obligó a revisar mi entendimiento de toda la Biblia, comenzando desde Génesis con la creación del hombre.

En Génesis 1:27 se nos dice: "Y creó Dios al hombre a su imagen, a imagen de Dios lo creó; varón y hembra los creó". Este era un versículo muy familiar para mí, como lo es para muchos cristianos, pero nunca me había detenido a pensar en su significado. La Biblia enseña que Dios es espíritu, sin cuerpo, o forma física. Por lo tanto, este versículo no puede estar diciendo que nosotros nos parecemos a Dios.

Existen otras formas de vida que Dios creó. El reino animal, por ejemplo, posee lo que la Biblia llama alma —una vida consciente expresada por medio de la mente, las emociones y la voluntad. ¿Qué hace al hombre diferente del animal? ¿Qué pudiera significar que el hombre fue creado a imagen de Dios? Hallé la respuesta en el aspecto espiritual del hombre. El espíritu humano es la parte del hombre que le capacita para relacionarse con Dios y conocerle, y es la fuente de sus impulsos internos para el amor, la aceptación, el significado y el propósito en la vida. El espíritu del hombre fue creado para tener compañerismo con el Espíritu de Dios, y originalmente fue el medio por el cual él disfrutó de perfecta comunión con Dios.

La existencia del espíritu humano explica la diferencia entre el hombre y el reino animal. Por ejemplo, tomemos un perro. ¿Qué hace al perro feliz? Déle un lugar para dormir, comida y agua, y tal vez rascarle la espalda, y él se siente satisfecho. ¿Ha visto usted al perro con una mirada pensativa preguntarse: "¿Por qué estoy aquí?, ¿qué significa todo esto?"? ¿Lo ha visto deprimido, echar su hueso a un lado y quejarse: "Tiene que haber algo más en la vida"? Por supuesto que no. Pero no hay nada más humano que hacerse estas preguntas. Porque tenemos cuerpos físicos con necesidades físicas, existen ciertas similitudes, pero en algún momento en su vida todo ser humano comienza a preguntarse: "¿Quién soy? ¿Porqué estoy aquí? ¿Cuál es el propósito de mi vida?"

Esto es obra del espíritu humano.

Dios deseó que su relación con el hombre fuese de *amor*, recibido y expresado para El por medio de la *fe*. Por lo tanto, a diferencia del reino animal, que es dominado por un mecanismo interno llamado "instinto", al hombre se le tuvo que dar el libre albedrío, ya que el amor es posible solamente cuando el hombre es libre para escoger.

Por medio de esta relación libre —Dios y el hombre unidos en vida espiritual—, Dios tenía acceso al alma de Adán (al instruir su mente, controlar sus emociones, y dirigir su voluntad) y de esta manera influenciaba su conducta en su totalidad. Como resultado de esta relación, cada pensamiento, emoción, palabra y obra de Adán y Eva eran la representación perfecta del Dios que les creó. Así, ambos cumplían el propósito divino en sus vidas: caminar en una dependiente relación de amor con su Creador y, mediante aquella relación, ser una *representación visible y plena del Dios invisible.*

Esto, finalmente, explicaba en qué consistía ser creado "a la imagen de Dios". No era una imagen física, tampoco la mera inteligencia, pero sí la manifestación de cierta clase de vida —la vida de Dios—. Y naturalmente, ya que Adán y Eva no eran dioses, esa vida *en* ellos, estaba determinada por su libre decisión de permanecer en esa relación dependiente.

Imagínese que alguna criatura espacial e inteligente venga de otro planeta a visitar la tierra con el propósito de saber cómo es Dios. ¿Cómo se puede ver un Dios invisible? La mejor explicación que recibiría es que "el hombre ha sido creado a imagen y semejanza de Dios. Vaya y observe a Adán y Eva, y usted verá cómo es Dios". Si lo hiciera, nuestra criatura imaginaria regresaría a su casa con un conocimiento verdadero de la naturaleza y carácter de Dios después de haber observado al hombre, quien ha sido creado a su imagen.

Como la relación de Adán y Eva estaba basada en el amor, tuvo que haber un punto de decisión en el cual ellos demostraran que su amor a Dios era expresado libremente. Ese era el significado de la única prohibición divina: "Mas del árbol de la ciencia del bien y del mal no comerás; porque el día que de él comieres, ciertamente morirás" (Génesis 2:17). Satanás, en la forma de una serpiente, tentó a Eva, diciéndole:

No moriréis; sino que sabe Dios que el día que comáis de él serán abiertos vuestros ojos, y seréis como Dios, sabiendo el bien y el mal (Génesis 3:4-5).

Esta historia ha sido présentada en tiras cómicas, y tan ridiculizada a través de los años, que con razón perdí su significado real; pero ella explica las necesidades más profundas del hombre hoy en día. El significado de la tentación presentada a Adán y Eva está en la frase de la serpiente "el día que comáis de él ... *seréis como Dios*". Se les ofreció la oportunidad (la mentira) de dejar a un lado su relación de fe y dependencia de Dios, y asumir un estado independiente —llegar a ser su propio dios, completamente autosuficientes.

En efecto, lo que Satanás estaba diciendo era: "No necesitas a Dios para ser hombre. Sed vuestros propios dioses. No necesitáis que alguien os diga lo que está bien o está mal, y podéis comenzar ahora mismo a afirmar vuestra independencia".

Dios había dicho: "El día que de él comieres, ciertamente morirás". La Biblia nos dice que Adán vivió 930 años. Adán y Eva no murieron físicamente ese día, pero al creer en la mentira de Satanás, y llamar a Dios mentiroso, *ellos murieron espiritualmente*. Dios honró su libre albedrío y les quitó Su vida, dejándoles espiritualmente muertos.

A menudo usted escuchará a las personas decir: "Todos los hombres han sido creados a imagen de Dios", pero pensemos en esa frase detenidamente. Adán fue creado a la imagen de Dios, pero en Génesis 5:1,3 se declara:

> Este es el libro de las generaciones de Adán. El día en que creó Dios al hombre, a semejanza de Dios lo hizo....
> Y vivió Adán ciento treinta años, y engendró un hijo a su semejanza, conforme a su imagen, y llamó su nombre Set.

Dos padres espiritualmente muertos no pueden pasar a otras generaciones lo que ellos no poseen: vida espiritual. La ley de la reproducción es: "Cada criatura engendra una semejante" y desde esa ocasión tanto los hombres como las mujeres han nacido con los resultados trágicos de la decisión de Adán: muertos espiritualmente.

Para ver hasta dónde ha caído el hombre, imagínese lo que la criatura espacial descubriría si visitase la tierra hoy. Todo lo que observaría de la conducta humana sería para él una expresión de lo que es Dios. ¿Qué descubriría acerca de Dios si él le siguiera a usted durante un día?

Al pensar en estas cosas, pasajes bíblicos que antes me eran muy familiares, pero no emocionantes, comenzaron a golpearme como martillazos. Nubes de confusión comenzaron a despejarse de mi mente. Por ejemplo, considerando la muerte espiritual de Adán entendí por primera vez por qué el nacimiento virginal de Cristo era significativo. Esa era la única manera en que El podía nacer en este mundo espiritualmente vivo. Si El hubiera nacido naturalmente de dos padres caídos habría heredado su muerte espiritual y su naturaleza pecaminosa. El tenía que nacer espiritualmente vivo porque sólo así tendría una vida que ofrecer por la nuestra.

La clave en la salvación es vida y muerte. Finalmente las piezas del rompecabezas están en su lugar. Jesucristo, espiritualmente vivo, dio su vida *por* nosotros. ¿Para qué? Para darnos *su* vida. ¿Por qué necesitábamos vida? Porque estábamos *muertos espiritualmente:* "Estabais muertos en vuestros delitos y pecados" (Efesios 2:1).

Me di cuenta de que por años yo había funcionado básicamente con la mitad del evangelio. Yo sabía cuánto necesitaba el perdón de pecados que Cristo proveyó, y lo agradecía profundamente. Aunque el mensaje del perdón por medio de la cruz quita nuestra culpa y nos da seguridad de nuestro destino al morir, no nos provee el poder para vivir aquí y ahora. Es a través de la *resurrección* de Cristo que todo hombre, mujer, niño o niña en el globo terráqueo que se acerca a El por la fe, recibe la vida por medio del Espíritu Santo. ¡Así es como vivimos! Por lo tanto, Efesios 2:4-5 lo declara de la siguiente manera:

> Pero Dios, que es rico en misericordia, por su gran amor con que nos amó, aun estando nosotros muertos en pecados, nos dio vida juntamente con Cristo (por gracia sois salvos).

Por medio de estas verdades, yo descubrí la razón por la cual el servicio a Dios me estaba matando. Yo ya conocía acerca del Espíritu Santo. Había enseñado acerca de su ministerio en nuestras vidas. Siempre le asocié con *poder*; poder para testificar de Cristo, poder para enseñar y poder para servir. Yo pasaba por alto el aspecto más importante —que por medio de El, recibí *la vida misma de Dios*.

En tanto yo asociara el ministerio del Espíritu solamente con el poder, el énfasis recaía en *mí*. Esta era mi oración: "Dios, ayúdame en esta actividad". Dios quizás proveía la ayuda, pero era yo quien lo hacía. Al hacerlo de esa manera, no disfrutaba de gozo, y a la larga terminaba agotado. Finalmente, aprendí que Cristo no vino a "ayudarme" a servir a Dios, *sino para vivir en mí*. Estoy convencido de que muchos cristianos están frustrados con sus vidas a causa de este error. Por esa razón el apóstol Pablo escribió:

> Con Cristo estoy juntamente crucificado, y ya no vivo yo, mas vive Cristo en mí, y lo que ahora vivo en la carne, lo vivo en la fe del Hijo de Dios, el cual me amó y se entregó a sí mismo por mí (Gálatas 2:20).

Al no aferrarnos a estas verdades, nuestro mundo cristiano ha llegado a ser tan frenético en su actividad, que me hace recordar esta bien conocida definición de un fanático: "Una persona que redobla sus esfuerzos después de perder de vista sus metas". Una y otra vez hemos visto individuos pasar al frente a dedicar sus vidas al Señor. Dedican sus vidas una y otra vez, pero nada cambia. En el fondo están diciendo: "Dios, esta vez va en serio. Lo haré aunque hacerlo me mate".

A ellos yo les digo: "No se preocupen, así sucederá". Lo sé por experiencia personal. Tenemos que enfrentar la realidad de que no es *difícil* vivir la vida cristiana. Vivir la vida cristiana es *imposible*. Solamente Cristo puede vivirla. Y esa es la razón por la cual la única esperanza es aprender que Jesucristo no vino sólo para sacar al hombre del infierno y enviarlo al cielo; El salió del cielo para habitar en el hombre.

En los llamamientos evangelísticos se les dice a las personas que pasen al frente y reciban el perdón de pecados —y allí se detienen—. A menudo es todo el mensaje que hemos oído: "Jesús murió por nuestros pecados. Vengan y reciban el perdón". Por lo tanto, el mensaje que se *escucha es*: "Confíe en Jesús para ir al cielo cuando usted muera. Mientras tanto esfuércese". Ellas lo intentan, pero fracasan.

No me malentiendan. Yo no estoy diciendo que una persona tiene que entender todas estas cosas en detalle para ser salvo. Sabemos que somos salvos al colocar nuestra confianza en Jesucristo. Pero como consecuencia de que no compartimos el mensaje en su totalidad, continuamos formando personas que son cristianas pero que no tienen ni la menor idea de cómo vivir la vida cristiana. Muchas otras personas batallarán (a veces durante años) con la seguridad de la salvación, y experimentarán temor y terrible sentimiento de culpa.

Yo he conversado con muchos de ellos, cinco o diez años después de su conversión, en mi oficina de consejería o en mi programa de radio. Algunos están divorciándose, sus familias destruidas, y hastiados y cansados de la vida; a menudo muy enojados con Dios. A veces me han dicho: "Yo ya soy salvo, recibí a Cristo, pero mi vida no ha cambiado para nada. Yo no tengo realidad alguna en mi vida cristiana".

Muchos de ellos, si no encuentran respuesta, responden a grupos extremistas que enfatizan las experiencias "espirituales" espectaculares. Es fácil criticar la naturaleza extrabíblica de estas enseñanzas y pasar por alto la tragedia real de estos individuos. Sus necesidades son genuinas y sus deseos sinceros. La vida cristiana *debiera* ser milagrosa. Pero como ellos no saben acerca de la vida que Cristo nos ha dado y cómo experimentarla, se sienten atrapados entre dos extremos: ya sea una ortodoxia religiosa fría y muerta, o bien una experiencia electrificante. Al darle a escoger, una persona realmente hambrienta preferirá dicha experiencia a la ortodoxia fría.

Otras personas terminan dejando su fe atrás, y posiblemente se unen a otros grupos como los "Fundamentalistas anónimos".

Lo primero que he aprendido a hacer en esos casos es, hacerles un examen sencillo sobre su entendimiento del Evangelio. Invariablemente, me he dado cuenta de que ellos han escuchado todo acerca de la muerte de Cristo *en su favor*, pero están en la oscuridad acerca de la vida de Cristo *en ellos*. Por lo tanto, han estado viviendo la vida cristiana en sus propios esfuerzos, con el fracaso como resultado.

Luego encontramos la historia de Roberto. El no conocía a Cristo, a pesar de haber estado expuesto a mucha enseñanza cristiana. Asistía a la iglesia regularmente. Escuchaba y escuchaba, pero tal parece que nunca entendió. A propósito, su experiencia se parecía mucho a la de Stan. En el proceso de recontar sus fracasos, él dijo: "Muchas veces le he pedido ayuda a Dios".

Yo le respondí: "Roberto, un hombre muerto no necesita ayuda. ¡Un hombre muerto necesita vida!" Me miró con ojos muy abiertos, y, asombrado, escuchó mientras le explicaba lo que Dios me había enseñado acerca del mensaje de salvación. La salvación no es sólo algo que Cristo hizo *por* nosotros, es que Jesucristo viva *en* nosotros. Es el proceso de pasar de muerte a vida.

¡Esas son buenas nuevas! Roberto pronto recibió a Cristo, y su vida no ha vuelto a ser la misma. Al igual que Stan, cuando él transfirió un concepto vago de una persona histórica que vivió hace 2.000 años, al del Cristo vivo que se ocupa en dar vida *hoy en día*, lo encontró todo. Pero "permitir que Cristo viva a través de nosotros" le suena un poco vago a muchas personas. ¿Cómo se hace? El resto del libro va a guiarle en la respuesta a esa pregunta.

4

Perdonado para ser llenado

Hace unos años en Canadá, al finalizar un seminario sobre el perdón de Dios, se me acercó un hombre. Parecía tener como sesenta años de edad debido a su apariencia física demacrada. Sus ojos estaban opacos y carecían de vida; su cara, cubierta de pliegues profundos que llegaban a su laxa boca; sus hombros, caídos. Cuando habló, su voz salió en un tono bajo y monótono.

"George", me dijo, "yo realmente deseo creer que Dios me perdona, pero me es difícil aceptarlo. ¿Cómo puedo saber que Dios perdonó todos mis pecados?"

"Eduardo, he hablado durante más de una hora del perdón total de Dios en Cristo. ¿Escuchaste mi conferencia?"

"Sí, oí lo que usted dijo, pero yo no puedo creer que Dios realmente me haya perdonado". Preguntándome a mí mismo si Eduardo realmente sería cristiano, dediqué algún tiempo a averiguarlo. Me contó que había recibido a Jesucristo como su Señor y Salvador cuando era muy pequeño. Su entendimiento y sus respuestas eran sólidos en cuanto a su fe personal en Cristo. El estaba completamente seguro de que Cristo vivía en él, y que pasaría la eternidad en el cielo después de su muerte. La fuente de su duda tenía que hallarse en otro lugar.

"¿Desde cuándo has estado batallando con estas dudas acerca del perdón de Dios?", le pregunté.

"Desde que era niño", dijo Eduardo tristemente. "Es que a

temprana edad hice algo *muy malo*. Desde entonces cada día he implorado a Dios que me perdone, pero me cuesta creer que El ya lo haya hecho".

No podía creerlo. "¿Eduardo, cuántos años tienes?"

"Sesenta y dos".

"¿Quieres decirme que has estado pidiéndole a Dios que te perdone durante más de cincuenta años?"

Me miró a los ojos y, con expresión de impotencia, dijo: "Yo debería haber servido a Dios durante esos cincuenta años, pero he desperdiciado mi vida. Esa es la razón por la cual estoy preguntándole si usted cree que Dios puede perdonarme".

En ese momento, pensé que la historia de Eduardo era única. Pero desde esa ocasión he sabido que muchos cristianos comparten la misma esclavitud. Han cometido algún pecado que parece ser parte de su presente aún cuando lo años pasan, está constantemente en sus mentes como nubes negras extendidas sobre ellos. Después de un tiempo, la culpa es aceptada como parte de sus vidas. Perderla sería como perder una preciosa reliquia familiar.

Un cristiano en esas circunstancias nunca madurará. Mientras esté retenido en los sentimientos de culpabilidad de un pecado pasado, nunca experimentará todo lo que Cristo desea que experimentemos por medio de Su vida que mora en el creyente. Permítame expresar esto de manera directa: *Hasta que usted descanse en la finalidad de la cruz no podrá experimentar la realidad de la resurrección.*

Segunda Pedro 1:3-9 es un pasaje que ilustra perfectamente este principio. Comienza con noticias extraordinarias:

> Como todas las cosas que pertenecen a la vida y a la piedad nos han sido dadas por su divino poder, mediante el conocimiento de aquel que nos llamó por su gloria y excelencia, por medio de las cuales nos ha dado preciosas y grandísimas promesas, para que por ellas llegaseis a ser participantes de la naturaleza divina, habiendo huido de la corrupción que hay en el mundo a causa de la concupiscencia (versículos 3-4).

Muchos cristianos comienzan con Jesucristo, luego buscan algo mejor, alguna clase de "cristianismo avanzado". Nos desviamos por toda clase de tangentes buscando "algo mejor" para transformar nuestra existencia aburrida en una realidad espiritual. Algunas veces optamos por buscar algo "más profundo". Pero 2 Pedro 1:3 nos dice que ya hemos recibido *todo* lo que necesitamos para la vida y la santidad.

La madurez cristiana, no es comenzar con Jesús y después graduarnos para algo mejor. La vida cristiana comienza con Cristo para luego pasar el resto de la eternidad descubriendo más y más de *lo que ya tenemos* en El, más y más de las maravillas de Su persona "en quien están escondidos todos los tesoros de la sabiduría y del conocimiento" (Colosenses 2:3).

Esta nueva vida, según 2 Pedro 1:4 es traducida en nuestra experiencia por la realidad de llegar a ser "participantes de la naturaleza divina". En otras palabras, es por medio de la vida resucitada de Cristo que ha sido dada a usted y a mí: "Cristo en vosotros, la esperanza de gloria" (Colosenses 1:27).

Un día, cuando enseñaba acerca de esto, un radioyente me hizo la siguiente pregunta: "Si es verdad que el creyente ha recibido todo lo que necesita, ¿por qué muchos cristianos no lo experimentan, incluso cristianos que saben que Cristo vive en ellos?" (Para ser específico, alguien como Eduardo.)

Continuemos en el pasaje de 2 Pedro 1. Después de enseñarnos que como cristianos ya tenemos todo lo que necesitamos en Cristo, Pedro exhorta a los lectores a esforzarse en el proceso de la madurez, versos 5-8:

> Vosotros también, poniendo toda diligencia por esto mismo, añadid a vuestra fe virtud; a la virtud, conocimiento; al conocimiento, dominio propio; al dominio propio, paciencia; a la paciencia, piedad; a la piedad, afecto fraternal; y al afecto fraternal, amor. Porque si estas cosas están en vosotros, y abundan, no os dejarán estar ociosos ni sin fruto en cuanto al conocimiento de nuestro Señor Jesucristo.

Nadie obtiene estas cualidades de la noche a la mañana. Ellas son evidencias de la madurez y estaremos creciendo a medida que aprendemos a vivir por fe en nuestro Señor Jesucristo. ¿Pero qué acerca de Eduardo? "Ineficaz" e "improductivo" son dos palabras que con precisión describen su vida. ¿Cuál es el obstáculo que no permite este proceso de madurez? La respuesta aparece en el verso 9: "Pero el que no tiene estas cosas tiene la vista muy corta; es ciego, *habiendo olvidado la purificación de sus antiguos pecados*".

¡Aquí está la respuesta! Esta es otra variación del tema —si la verdad os libertará, entonces, es el error el que esclaviza—. En este caso, no reconocer que el pecado entre usted y Dios ha sido cancelado completamente, no estar confiado en ese hecho, detendrá su crecimiento espiritual en Cristo. Esto no es algo realmente complicado. El proceso de madurez espiritual es aprender por fe a entregar a Cristo más y más áreas de nuestras vidas. El pasado ya pasó, el futuro no está aquí todavía. Por lo tanto, vivir por fe sólo puede efectuarse en el *presente*.

Si Satanás, por otro lado, nos puede mantener preocupados con el *pasado*, sacando a la luz nuestros sentimientos de culpabilidad por pecados pasados, entonces nunca podremos estar libres para confiar en Cristo mientras vivimos el presente. Además, ¿cómo podemos confiarle nuestras vidas a Cristo si estamos inseguros de su actitud hacia nosotros? A la mayoría de nosotros se nos ha enseñado desde muy temprana edad que Dios es santo y "odia el pecado". Si he cometido pecados, ¿cómo puedo acercarme a El confiadamente?

La única solución es un entendimiento de que Cristo hizo todo en la cruz y todo pecado ha sido cancelado, y una confianza total en ese hecho. Debemos llegar a la convicción bíblica de que el perdón de nuestros pecados no es solamente un asunto de "contabilidad celestial" que nos permitirá entrar en el cielo algún día; el perdón de Dios es una *realidad presente* que nos capacita para vivir diariamente con un Dios amante que nos acepta y que desea vivir en nosotros. Efesios

1:7 dice: *"En quien tenemos* redención por su sangre, *el perdón de pecados* según las riquezas de su gracia".

El perdón no es algo que podríamos llegar a tener, o que disfrutamos ciertos días y otros no. El perdón es la esfera en la cual el cristiano vive continuamente, al igual que vivimos en la atmósfera y respiramos. "En quien *tenemos* ... el perdón de pecados". Eso está escrito en *tiempo presente*.

Qué tragedia mirar a un hombre como Eduardo, que creía que había desperdiciado toda su vida debido a un solo fracaso en el pasado. El estaba esclavizado a causa del error, solamente la verdad era la solución.

"Eduardo, ¿tienes hijos?", le pregunté.

"Sí, tres".

"¿Alguna vez alguno de ellos ha hecho algo malo?"

"Sí, muchas veces".

"¿Y les perdonaste?"

"Por supuesto".

"Eduardo, si en alguna de las ocasiones en que tu hijo hizo algo malo, y tú le perdonaste, él rehusó creerte, y cada día te menciona ese detalle. '¿Papá, estás *seguro* de que me perdonaste por lo que hice?' Cada día, sin cesar. '¿Estás seguro de que me perdonas papá? ¿Estás seguro?' Dime Eduardo, tú como padre, ¿cómo te habrías sentido?"

Eduardo frunció el ceño con expresión dolorida.

"Me hubiera roto el corazón", dijo.

"Entonces, Eduardo, ¿no crees que ya es tiempo de que tú decidas no lastimar el corazón de Dios? ¿Recuerdas cómo Juan el Bautista describió a Jesús? 'He aquí el Cordero de Dios, que *quita* el pecado del mundo' (Juan 1:29). ¿No te das cuenta de que Dios permitió a su Hijo llevar tus pecados, para que tú llegases a ser justificado en El? ¿No te parece que ya es tiempo de que ceses de insultar al Espíritu de Dios, que nos ha dado docenas de promesas en la Biblia para enseñarnos que Dios ha perdonado *todos* nuestros pecados, de una vez y por todas?"

Eduardo entornó los párpados e inclinó su cabeza pensativo. "Nunca había pensado de esa manera".

"Eduardo, lee conmigo el pasaje de Colosenses 2:13-14:

 Y a vosotros, estando muertos en pecados y en la incircuncisión de vuestra carne, os dio vida juntamente con él, perdonándoos todos los pecados, anulando el acta de los decretos que había contra nosotros, que nos era contraria, quitándola de en medio y clavándola en la cruz.

"Según este pasaje, ¿hasta qué punto has sido perdonado delante de Dios?"

"Totalmente", contestó.

"¿Mantiene Dios alguna acusación contra ti?"

"No".

"¿Sabes por qué? Es para que no te concentres en la otra mitad del Evangelio, que 'Dios nos dio *vida* juntamente con Cristo'. Tú has estado preocupado con algo que Dios ha *cancelado* —tu pecado—, con el resultado de que has descuidado completamente lo que Dios está tratando de hacer *hoy* contigo —enseñarte acerca de la vida".

"Ahora me doy cuenta de lo que he estado haciendo", dijo Eduardo. "Me siento muy culpable por dudar de Dios de esta manera".

"Por favor, no comiences de nuevo. Lo próximo que harás será azotarte porque te has estado sintiendo tan culpable". Eduardo se rió. Era la primera vez que le veía sonreír.

"Eduardo, ¿acaso no ves que cada uno de nosotros sería destruido si no fuese por la infinita misericordia del Señor? El tuvo que hacerlo porque nosotros estábamos totalmente incapacitados para hacerlo por nosotros mismos. El conoce todo lo referente a ti y tus fracasos más profundos. Lo que El desea es que descanses en lo que El ha hecho por medio de la cruz —que lo resuelvas de una vez por todas—, para que comiences a experimentar lo que El ha hecho por medio de la resurrección.

Eduardo miró detenidamente en Colosenses 2:13-14 en mi Biblia. Finalmente, me dijo: "Quiero orar". Cerró los ojos, y dijo: "Señor Jesús, todos estos años he pensado que tú me odiabas por mi fracaso. Yo te he pedido que me perdones innumerables veces, y me he considerado un fracaso total. Pero hoy voy a comenzar a confiar en tu promesa. Me has escuchado confesar aquel pecado por última vez. No te insultaré a ti y tu gracia otra vez. Desde hoy en adelante, Señor, enséñame lo que significa que tú vives en mí. En los años que me quedan soy tuyo para ser usado como tú quieras".

Nunca olvidaré la oración de Eduardo, ya que era una de las primeras veces que vi el semblante de alguien literalmente cambiar ante mis ojos. Cambió las líneas de legalismo en su cara por una expresión de gracia. Se veía más joven, aun al mirarme con sus ojos brillantes y llenos de lágrimas. Eduardo fue liberado de la esclavitud de la culpa al confiar en la totalidad de la obra de Cristo en la cruz. Como consecuencia, él estaba libre para experimentar la vida de Cristo, la cual él ya tenía desde su conversión muchos años antes. Su vida ilustra perfectamente el principio bíblico de 2 Pedro 1:9. Hasta que uno descansa en la finalidad de la cruz, nunca experimentará la realidad de la resurrección.

Satanás ha hecho un trabajo magistral para mantener al cristiano preocupado con lo que Dios ya ha resuelto de una vez y para siempre —el pecado—, e ignorantes de aquello en que Dios desea que nos preocupemos —la vida—. Esto no significa que debamos minimizar la obra de Cristo en la cruz. ¡Gracias a Dios por ese sacrificio! Pero solamente cuando entendemos que la finalidad de la salvación es la restauración de la vida, podemos apreciar el propósito y significado de la muerte de Jesucristo por nosotros en la cruz.

El proceso de enlatado es una excelente ilustración de las dos partes del Evangelio. Vamos a suponer que usted va a conservar melocotones. ¿Qué es lo primero que debe hacer? Esterilizar los envases. ¿Cuál es la razón del proceso de esterilización? Para que los melocotones no se echen a perder.

Imagínese que el esposo llega a la casa, ve a su esposa en la cocina hirviendo envases, y le pregunta:

"¿Qué estás haciendo, mi amor?"

"Esterilizando".

"¿Por qué lo haces?"

"Porque me gusta que las envases estén limpios".

"¿Qué harás después con los envases?"

"Guardarlos limpios".

La historia no tiene mucho sentido, ¿verdad? Usted nunca ha visto a alguien decorar su cocina con envases esterilizados. No, la única razón para esterilizarlos es que usted *intenta colocar algo dentro de ellos*. Sería muy raro encontrar a una persona que sólo desea hacer la mitad del proceso de enlatar, y sólo limpia los envases. Pero hemos hecho lo mismo con el evangelio. Hemos separado el proceso divino de esterilización —la cruz— de su propósito final —que Cristo venga a vivir en nosotros mediante su resurrección.

El mundo cristiano, en cierto grado, ha sido culpable de enseñar sólo medio evangelio —es decir, la cruz de Cristo que nos trajo perdón de pecados—. Pero al separar el perdón de pecados del mensaje de recibir la vida de Cristo, no sólo dejamos de experimentar dicha vida, sino que también perdemos el propósito para el cual se nos dio el perdón. Dios tuvo que tratar con el pecado de una vez y para siempre a fin de que fuésemos llenos de Cristo.

A propósito, hay un paso final en el proceso de los envases. Después de esterilizados y llenados, los envases son sellados. El sello conserva lo que se encuentra dentro y a la vez no permite que cualquier cosa del exterior lo dañe. Leemos en Efesios 1:13:

En él también vosotros, habiendo oído la palabra de verdad, el evangelio de vuestra salvación, y habiendo creído en él, fuisteis *sellados* con el Espíritu Santo de la promesa.

Limpiado, llenado y sellado: un retrato maravilloso de la salvación. Una vez que hayamos visto que el propósito de la salvación es levantar a los muertos a la vida, es muy fácil ver la razón por la cual Cristo tenía que tratar con el pecado una vez para siempre. Esto es exactamente lo que el Nuevo Testamento enseña de principio a fin. Por ejemplo, observe los tres pasajes siguientes de tres escritores diferentes:

Porque en cuanto murió, al pecado murió *una vez por todas;* mas en cuanto vive, para Dios vive (Romanos 6:10).

De otra manera le hubiera sido necesario padecer muchas veces desde el principio del mundo; pero ahora, en la consumación de los siglos, se presentó *una vez para siempre* por el sacrificio de sí mismo para quitar de en medio el pecado (Hebreos 9:26).

Porque también Cristo padeció *una sola vez* por los pecados, el justo por los injustos, para llevarnos a Dios, siendo a la verdad muerto en la carne, pero vivificado en espíritu (1 Pedro 3:18).

El mensaje del perdón total de Dios en Cristo ha sido un tema controversial y espinoso durante casi 2.000 años. Para preparar el camino, Dios le dio a Israel la ley de Moisés con su sistema sacrificial. Aunque tales sacrificios fueron ordenados por Dios, nadie fue justificado delante de Dios por medio de ellos. El sacrificio era una ilustración de Cristo y su obra a nuestro favor:

Porque la ley, teniendo la sombra de los bienes venideros, no la imagen misma de las cosas, nunca puede, por los mismos sacrificios que se ofrecen continuamente cada año, hacer perfectos a los que se acercan (Hebreos 10:1).

El perdón era diferente bajo la ley (llamada el antiguo pacto). Era una situación de buenas y malas noticias. Vamos a suponer que usted es un israelita que vive bajo la ley.

Durante todo el año Dios cuenta todas tus violaciones como también las de la nación. Todo el año te sientes culpable de tus pecados; vives bajo el temor del castigo divino, como consecuencia de la transgresión de la ley. Pero el gran Día de la Expiación está a punto de acontecer. El día anual de ayuno y oración y confesión de pecados. El día cuando el becerro perfecto era sacrificado por toda la nación. La única ocasión en que un hombre mortal, en representación de toda la nación, podía entrar en el recinto más sagrado del templo, el Lugar Santísimo, en la misma presencia de Dios. Con la sangre del sacrificio, el sumo sacerdote entraba, temeroso, tras el velo, y allí rociaba la sangre que cubría los pecados de la nación —y los suyos— del año previo.

Dos machos cabríos eran sacrificados; uno en el altar, el otro, llamado chivo expiatorio, era objeto de una ceremonia especial. Los ancianos de la nación colocaban las manos sobre la cabeza del animal, hecho que simbolizaba la transferencia de los pecados de la nación al animal. Entonces, ante millares de testigos en las calles, el animal era conducido fuera de la ciudad, al desierto, lo que simbolizaba la remoción de los pecados. Usted con alivio y gratitud, mira el animal que simbólicamente lleva su culpa. ¡Qué alivio! Esas son las buenas noticias.

¿Cuáles son las malas noticias? Mañana los pecados comienzan a acumularse de nuevo. El próximo año se necesitará otro sacrificio. Y así sucesivamente.

Dios en su gracia le dio a Israel este sistema como un medio para que el hombre experimentara alivio de la culpa bajo la ley. La clave en el Antiguo Testamento es "expiación" que significa cubrir. Las ofrendas sacrificiales *cubrían* los pecados, pero no los *quitaban*, "porque la sangre de los toros y de los machos cabríos no puede quitar los pecados" (Hebreos 10:4). Un hombre bajo la ley podría disfrutar la bendición del perdón de Dios, pero el sistema en sí no proveía una solución final. Era algo similar al uso de la tarjeta de crédito, la cual permite a una persona disfrutar de la compra sin pagar con dinero. Esas son las buenas noticias. Pero las malas noticias son que alguien tendrá que pagar la cuenta. La tarjeta de crédito no pagó en realidad, solamente transfirió la deuda a una cuenta. Esa cuenta tendrá que ser saldada. Dios, entonces, en su perfecto plan, presenta a Jesucristo por medio de Juan el Bautista: "He aquí el Cordero de Dios, que quita el pecado del mundo" (Juan 1:29). De ese momento en adelante, el sacrificio completo de Jesucristo es presentado en el Nuevo Testamento en contraste con el antiguo sistema:

En esa voluntad somos santificados mediante la ofrenda del cuerpo de Jesucristo hecha una vez para siempre. Y ciertamente todo sacerdote está día tras día ministrando y ofreciendo muchas veces los mismos sacrificios, que nunca pueden quitar los pecados; pero Cristo, habiendo ofrecido una vez para siempre un solo sacrificio por los pecados, se ha sentado a la diestra de Dios (Hebreos 10:10-12).

Constantemente el Nuevo Testamento enfatiza el mensaje de que Jesucristo se ofreció como el sacrificio una vez para siempre. ¿Cuándo vamos a creerlo? En contraste con los sacerdotes del antiguo pacto presentados "de pie" y haciendo continuos sacrificios, Cristo es presentado *sentado*. ¿Por qué está sentado? Porque *"Consumado es"* (Juan 19:30). El escritor de Hebreos llega al clímax de su argumento en Hebreos 10:14: "Porque con *una sola ofrenda* hizo *perfectos para siempre* a los santificados". ¡Jesucristo ha hecho todo!

Encuentro que pocos cristianos pueden leer ese versículo sin acobardarse y tratar de minimizar su significado. Es demasiado claro y las implicaciones son amenazadoras. Observe que el versículo no dice que nosotros actuamos perfectamente; sino más bien está hablando de identidad. Pero la Biblia dice que por medio de Jesucristo nosotros hemos sido hecho aceptos completamente ante los ojos de un Dios santo.

Nunca olvidaré una conversación que tuve hace varios años con un pastor de cierta denominación que enseña que usted puede perder la salvación. En nuestra conversación percibí que él entendía la gracia de Dios, por lo menos intelectualmente. Finalmente, le dije: "Jaime, tú conoces la palabra de Dios. También conoces el gran sacrifico que hizo Cristo en la cruz. Yo creo que tú sabes mucho para creer que un cristiano nacido de nuevo pueda perder su salvación.

Una sonrisa avergonzada y esquiva apareció en su cara. Entonces, él contestó: "Tienes razón, Bob. Jesucristo lo ha hecho todo. Nada más queda por hacer, ni que se pueda hacer para tratar con los pecados del hombre. Yo sé que cuando uno nace de nuevo, no se puede 'desnacer'". Entonces, en un tono más serio dijo: "¿Pero cómo podré mantener en línea a los cristianos si les enseño semejantes cosas? Ellos tomarán ese mensaje como licencia para pecar. De modo que no lo enseño".

Me pregunto cuántos otros líderes en la historia de la iglesia han hecho lo mismo por temor a "lo que las personas harán". La tragedia es que su temor es innecesario —si ellos enseñasen todo el Evangelio, no sólo la cruz y el perdón de pecados, sino la cruz más el regalo de la vida resucitada de Cristo.

Dios dijo en el nuevo pacto: "Pondré mis leyes en las mentes de ellos" (Hebreos 8:10). Si la salvación fuese solamente el perdón de pecados sin un cambio de corazón, entonces probablemente la tomaríamos como licencia para pecar. Pero no cuando Cristo vive en nosotros. Cuando estamos aprendiendo a experimentar la "vida abundante" que Cristo ha prometido, nos preocupamos por nuestra relación diaria con El: el que nos amó y dio su vida *por* nosotros, para poder darnos vida *a* nosotros. Pero tenemos que establecer en nuestras mentes la finalidad de la cruz, o nunca podremos ser libres para descubrir, experimentar y disfrutar la realidad de la resurrección —la VIDA real restaurada al hombre.

5

Poniendo las piezas en su lugar

Después de muchos años de conversar con cristianos de diferentes denominaciones y de diferentes partes del país, a mi parecer el entendimiento del cristiano promedio es muy parecido a como era el mío: una persona con un gran rompecabezas en una caja en el que cada pieza representa un versículo bíblico, un sermón, una ilustración, o bien alguna doctrina que le hayan enseñado. Si usted ha sido cristiano durante algún tiempo, probablemente habrá acumulado una colección de buen tamaño. Especialmente los cristianos en los Estados Unidos, de los cuales pienso que han recibido más educación cristiana en el siglo veinte que cualquier otro grupo en los últimos 2.000 años. Tantas piezas del rompecabezas... *pero no sabemos cómo colocarlas.*

¿Ha intentado alguna vez armar un rompecabezas sin la cubierta de la caja, que muestra todo el cuadro? Usted toma una pieza, tiene rojo, un poco de verde, y blanco, pero no tiene la menor idea de lo que es. Luego toma otra pieza que también tiene rojo, verde, y blanco. No se acoplan fácilmente, pero con un poco de presión puede hacer que se adhieran. Lamentablemente, la unión de ambas piezas aún no se parece a algo que se pueda reconocer.

Por otro lado, si tiene la cubierta de la caja para comparar la pieza, fácilmente puede identificar el lugar de dicha pieza. Usted dice: "Ahora veo. La parte roja de esta pieza forma parte del granero, lo verde es de aquel árbol, y el blanco es parte de la sábana que está en la tendedera. ¡Oh! aquí está otra parte del granero, y cabe así". ¡Qué fácil es identificar las piezas pequeñas cuando usted las coloca dentro de su contexto! Eso es exactamente lo que Dios hizo por mí al abrir mi entendimiento a la cuestión de vida y muerte de la salvación. Pude observar la Biblia con ojos de águila, lo cual me permitió colocar ciertas piezas en sus lugares correspondientes. No eran nuevos versículos. Todos los sabía muy bien. Pero finalmente me percaté de dónde encajaban sin forzarlos.

Al tener el placer de enseñar a miles de personas las mismas verdades transformadoras, les he escuchado decir muchas veces: "Por primera vez en mi vida, puedo entender la Biblia". Siempre lo dicen con un aire de asombro. Esto demuestra que en sus corazones realmente habían perdido la esperanza de entender la Palabra de Dios. Un amigo mío lo expresó de la siguiente manera: "Fue algo especial descubrir que el cristianismo tiene sentido". Suena extraño, pero he escuchado esto repetidamente.

Cuando a las personas se les anima por primera vez a examinar su entendimiento del Evangelio, hay muchas preguntas fáciles de predecir que ellos formularán. El siguiente relato presenta una discusión típica.

Estaba impartiendo un seminario, cuando un hombre llamado Don dijo:

"Bob, se me ha enseñado que el cristiano puede perder la salvación. Yo sé que Cristo murió por nuestros pecados *pasados*, pero, ¿qué acerca de los pecados *futuros*? Yo no entiendo qué quieres decir cuando dices que Cristo tuvo que perdonar *todos* los pecados".

Yo le contesté así: "Don, tomemos tus preguntas en orden. Primero, cuando Cristo murió por tus pecados ¿cuántos de ellos estaban en el futuro?"

Vaciló por un momento y contestó: "Todos".

"Por supuesto, a menos que tu edad fuese más de 2.000 años", dije y nos reímos. "Don, el problema es que estamos mirando las cosas desde la perspectiva del tiempo, y Dios las mira a través de la eternidad, la cual transciende el tiempo y el espacio. Nosotros vemos el paso de los días y los años como vemos los carros del ferrocarril, uno a la vez —pero Dios ve todo el tiempo como una persona pudiera ver el tren completo desde un avión.

"En la cruz, Dios tomó cada pecado que el hombre cometió o cometerá, y los colocó en Cristo Jesús. El Señor Jesús cargó con el castigo de nuestros pecados en una sola acción. Es por eso que 1 Juan 2:2 declara (cambiando las palabras): 'Y él es el que satisface la justicia de Dios, pagando por nuestros pecados; y no solamente por los nuestros, sino también los de todo el mundo'. La palabra teológica es 'propiciación'. ¿La has escuchado?"

"Yo creo que no puedo ni pronunciarla", dijo Don. "¿Qué significa?"

"Propiciación significa que Dios el Padre estaba totalmente *satisfecho* con el sacrificio hecho por su Hijo. En la cruz, Dios vació toda su ira y odio hacia el pecado que tú y yo merecíamos para satisfacer su justicia; con la excepción de que Cristo la tomó por nosotros. Por eso la Biblia dice: 'Con la mira de *manifestar en este tiempo su justicia,* a fin de que él sea el *justo,* y el que *justifica* al que es de la fe de Jesús' (Romanos 3:26). Es por eso que no existe esta ira contra ti".

Le puedo asegurar que el grupo se estaba esforzando mucho en pensar.

"Reflexionemos juntos", continué. "Si tú estuvieses ante el tribunal de Dios hoy día en tu propia justicia, ¿cuál crees que sería el veredicto?"

"Culpable", replicó Don.

"Exacto, y a mí me sucedería igual. Ahora, ¿cuál es el castigo por el pecado?"

"La muerte, me imagino", contestó Don.

"Correcto, Romanos 6:23 dice: 'Porque la paga del pecado es muerte'. Y Cristo ya pagó todo por ti. Por eso ya no existe castigo para ti.

"A propósito, sólo cité la primera parte de ese versículo.

Muchos de nosotros quizás pasamos por alto la segunda parte: 'mas la dádiva de Dios es *vida* eterna en Cristo Jesús, Señor nuestro'. Ahora llegamos a la segunda parte de tu pregunta: ¿Por qué tuvo Cristo que tratar el asunto del pecado de manera completa? Imaginémonos que un hombre ha muerto de una enfermedad —cáncer, por ejemplo—. Don, si tú tuvieses el poder de salvar al hombre, ¿cuántos problemas tendrías que resolver? ¡Dos! Tendrías que darle vida, pero también tendrías que curar su cáncer, ¿verdad?" Hice una pausa para permitir que ellos reflexionaran.

"Por ejemplo, ¿qué si curaste su cáncer, pero no hiciste nada más?"

"El todavía estaría muerto", contestó Don.

"Precisamente, el resultado sería un hombre saludable y muerto". Don y yo nos reímos y entonces proseguí. "Por otro lado, ¿qué sucedería si le trajeras a la vida sin curar su cáncer?"

Después de una pausa, Don respondió: "Moriría de nuevo".

"Esa es exactamente la condición del hombre desde el punto de vista de Dios, después de la caída. Desde que Adán pecó, el mundo es la tierra de los muertos que caminan —muertos espiritualmente. ¿Cuál es la enfermedad que mató al hombre? Ya la hemos examinado, ¡la paga del pecado es muerte! Desde el punto de vista divino, la salvación implica levantar al hombre muerto a la vida. Pero antes de darle vida, El tiene que erradicar totalmente la enfermedad que le causó la muerte —el pecado—. De modo que la cruz fue el método para tratar con la enfermedad llamada pecado, y la resurrección de Cristo era y es el método de darle vida a los muertos".

Don se quedó pensativo por un minuto. "Está bien, creo que empiezo a entender".

El resto del grupo, en silencio, escuchaba nuestro intercambio, pero Lynn levantó su mano.

"Yo todavía no estoy segura de por qué no puedo perder la salvación", dijo ella.

"Muy bien, primero recordemos qué es la salvación. A la luz de nuestro estudio, ¿cómo la explicarías?"

"Es cuando una persona confía en el Señor Jesús y recibe perdón por los pecados y Su vida", contestó Lynn, "el espíritu de Dios viene a morar en uno".

"Está bien, ahora recordemos, Adán fue creado espiritualmente vivo, ¿qué causó que Adán muriera espiritualmente?"

"Su pecado", respondió ella.

"Muy bien, Jesucristo en la cruz experimentó la muerte también, ¿por qué murió El?"

El grupo esta vez mostraba ciertas dudas. Entonces, Don dijo: "Yo me imagino que por la misma cosa —el pecado".

"Definitivamente, 2 Corintios 5:21 dice: 'Al que no conoció pecado, por nosotros *lo hizo pecado*, para que nosotros fuésemos hechos justicia de Dios en él'. De tal manera que Adán murió como consecuencia de su pecado y Jesucristo murió porque El llegó a ser pecado. ¿Cómo podemos saber que nunca moriremos espiritualmente otra vez, aunque como cristianos todavía cometemos pecados?"

"Porque la enfermedad ha sido quitada totalmente. Nuestros pecados han sido perdonados", afirmó Don.

"Por lo tanto, cuando el Señor Jesús nos imparte su vida resucitada, es vida eterna, ya que lo único que podría causarle la muerte —el pecado— ha sido tratado completamente en la cruz. Puedes saber que tu salvación está segura para siempre. Ahora, sabiendo que estás seguro en Cristo, quedas libre para concentrarte en la prioridad divina más grande: aprender a experimentar la verdadera vida —que Cristo viva a través de ti".

Discusiones como ésta pueden ser algo engorrosas a veces, pero aportan muchos beneficios. Como cristianos, tenemos la tendencia a generalizar mucho, y esto contribuye a que las personas hablen el lenguaje "cristiano", sin que realmente razonen —por sí mismos, basándose en la Biblia— sobre lo que creen. Hasta que tomemos lo que dice la Biblia y lo llevemos hasta sus últimas conclusiones no vamos a descubrir la experiencia que he mencionado en los primeros capítulos —donde el cristianismo tiene sentido y funciona en la vida real, en el mundo real.

En muchos casos la comprensión de la salvación no está tan *equivocada* como *limitada*. Por ejemplo, la mayoría de las personas por lo menos están familiarizadas con la palabra "perdón", pero la Biblia tiene mucho más que decir acerca de nuestra salvación además del perdón. Uno de los términos bíblicos que expresa la finalidad del pecado es "reconciliación", este se expresa en 2 Corintios 5:19: "Que Dios estaba en Cristo *reconciliando consigo al mundo,* no tomándoles en cuenta a los hombres sus pecados, y nos encargó a nosotros la palabra de la reconciliación".

El mundo entero ha sido reconciliado con Dios por medio de la cruz. Leí este versículo en mi programa de radio, y un oyente llamado Bill nos llamó para formularnos la siguiente pregunta: "Bob, si todo el mundo está reconciliado con Dios, ¿significa que todo el mundo es salvo?"

"Bill, eso depende de la definición que tengamos de la salvación. Si la salvación es solamente la reconciliación del hombre con Dios, la respuesta sería sí. Pero eso no es la salvación, ¿verdad?"

Después de reflexionar por un momento, Bill dijo: "La salvación es cuando alguien recibe al mismo Jesucristo; cuando nace de nuevo".

"Correcto", respondí. "La palabra reconciliación significa que la barrera entre Dios y el hombre —el pecado— ha sido quitada. Un puente ha sido construido entre Dios y el hombre ahora. Por lo tanto, la única cosa que imposibilita a cualquier hombre para el disfrute de la vida eterna es negarse a aceptar la salvación que Dios ofrece. La reconciliación ha sido lograda para todo el mundo por medio de Jesucristo, pero esto solo no es salvación. Esa es solamente una cara de la moneda. La razón por la cual Dios ha removido la barrera del pecado, es para que cualquiera que llegue a Cristo por fe pueda obtener la vida eterna. Colosenses 2:13 combina los conceptos así: 'Y a vosotros, estando muertos en pecados y en la incircuncisión de la carne, *os dio vida juntamente con él, perdonándoos todos los pecados'*.

"Por esa razón el único pecado que enviará al hombre al infierno es su incredulidad. Juan 3:18 dice: 'El que en él cree, no es condenado; pero el que no cree, ya ha sido condenado, porque no ha creído en el nombre del unigénito Hijo de Dios'. ¿Qué significa estar ya condenado? Que él permanece muerto. ¿A causa de sus pecados? No, a causa de su incredulidad".

Este es un mensaje sorprendente. Muchos de nosotros estamos acostumbrados a pensar en un Dios vengativo, furioso y listo para hacer desaparecer al hombre de la tierra. Pero el Evangelio es en realidad el anuncio de un hecho *ya realizado*. La obra de Dios de la reconciliación ya se efectuó. Y la reconciliación es algo que Dios hizo por iniciativa propia. El no consultó con nadie —simplemente lo hizo.

La gente habla sin reflexionar de que el hombre busque a Dios. Pero el Evangelio es la historia de la *iniciativa de Dios en buscar al hombre.* Ese es el mensaje maravilloso de Romanos 5:6-10. El tema que se repite continuamente es que Dios está tomando la iniciativa para reconciliar al hombre:

> Porque Cristo, cuando aún éramos débiles, a su tiempo murió por los impíos.... Mas Dios muestra su amor para con nosotros, en que siendo aún pecadores, Cristo murió por nosotros.... Porque si siendo enemigos, fuimos reconciliados con Dios por la muerte de su Hijo... (Romanos 5:6,8,10).

Como he mencionado en otras ocasiones, nadie a los pies de la cruz pidió al Señor Jesús el perdón de sus pecados. Pero, ¿cuál fue su petición? "Padre, perdónalos, porque no saben lo que hacen" (Lucas 23:34). Fue *su acción por iniciativa propia* lo que logró el perdón para el hombre.

La conocida historia del hijo pródigo en Lucas 15:11-32 nos presenta un cuadro perfecto de la actitud de Dios desde la cruz hacia el mundo perdido. El hijo pródigo tomó su herencia y la despilfarró, y avergonzó a su padre y a su familia. Necesitado, acepta el trabajo más vil para un judío, darle de comer a los cerdos, para mantenerse con vida. Había descendido hasta lo más bajo. Pero, ¿cuál es la actitud del padre? El, a pesar de todo, todavía no ha olvidado a su hijo. El padre no espera a su hijo con los brazos cerrados, mirando hacia el camino y musitando toda clase de amenazas: "Cuando él llegue, va a pagarme todas las que me hizo. Esperen a que le ponga las manos encima". No, usted puede saber la actitud del padre por la reacción que tuvo cuando vio que su hijo regresaba:

> Y levantándose, vino a su padre, y cuando aún estaba lejos, lo vio su padre, y fue movido a misericordia, y corrió, y se echó sobre su cuello, y le besó (Lucas 15:20).

Lo próximo que él hizo fue preparar una fiesta para celebrar el acontecimiento. Ahora piense por un momento. Cuando ese joven todavía estaba con los cerdos, ¿qué le impedía regresar a su padre? ¡Nada en cuanto al padre! A propósito, es fácil imaginarse a aquel padre siempre atisbando el horizonte con una expresión de añoranza. "Tal vez regrese mi hijo hoy". La única cosa que mantenía alejado a ese joven de su padre era su propia decisión; quedarse con los marranos, o regresar a su casa. Si hubiese un evangelista en esta historia, su mensaje habría sido: "¿Por qué estás viviendo con los cerdos? Tu padre te ama. No guarda ningún rencor contra ti. El desea que tú regreses a casa. Ve y restaura tu relación con él".

Hoy, Dios está llamando al hombre a regresar a casa, del mismo modo que el padre ansiaba que el hijo pródigo regresara. En el mismo capítulo, Jesús compara la actitud de Dios a la de un pastor que busca una oveja perdida de las cien que tiene, y luego la compara a la mujer que barre toda la casa hasta encontrar una sola preciosa moneda perdida. Las tres historias concluyen con gran regocijo, y en Lucas 15:10 Jesús resume la idea de la siguiente manera: "Así os digo que hay gozo delante de los ángeles de Dios por un pecador que se arrepiente".

Ese es el resultado de la obra de Cristo en la cruz; porque El hizo todo lo necesario para remover la ofensa del pecado. Cuando un pecador regresa a Dios, regresa a casa, y es recibido con brazos abiertos, y hay gran gozo en el cielo. Así llega a descubrir la vida verdadera.

Para muchos, todo este énfasis en el perdón total y que Cristo viva en uno, parece amenazador; porque temen que inducirá a las personas a vivir una vida cristiana de autocomplacencia. Oyen la frase "viviendo por fe" e inmediatamente piensan en personas perezosas, que se sientan a esperar que algo suceda. Precisamente lo opuesto es lo cierto. Como lo expliqué en el capítulo anterior, es un énfasis en la cruz y el perdón de pecados pero que *excluye el concepto de la vida resucitada de Cristo,* lo que realmente induce a la autocomplacencia.

Permítame compartir una ilustración. Imaginémonos que un rey dicta un decreto que establece que habrá perdón completo para todas las prostitutas. ¿Serían éstas buenas noticias si usted fuese prostituta? Por supuesto. Ya usted no tendría que vivir escondiéndose, con temor a la policía. Ya no tendría ninguna acusación criminal, todas sus ofensas son borradas de los libros. De modo que el perdón definitivamente sería buenas noticias. Pero, ¿habría alguna motivación para que usted cambiara su estilo de vida? No. Ninguna.

Llevemos la ilustración mas allá. Vamos a decir que no solamente hay perdón extendido a todas las personas que practiquen la prostitución, pero, además, el rey le ha pedido que usted sea su esposa.

¿Qué sucede cuando una prostituta se casa con un rey? Ella llega a ser la reina. ¿Tendría ahora una razón muy especial para cambiar su estilo de vida? ¡Absolutamente! No hay que ser genio para saber que el estilo de vida de una reina es varias veces superior al de una prostituta. Ninguna mujer en sus cinco sentidos regresaría a su vida anterior.

Mientras sólo se enseñe la mitad del evangelio, vamos a producir cristianos muy agradecidos de que no van a ser juzgados por sus pecados, pero carentes de motivación propia para cambiar de conducta. Esa es la razón por la cual ciertas personas tienen que usar el mazo de la ley y sofocar la presión del grupo para mantener a su congregación controlada.

Pero, ¿cómo se le llama a la iglesia en el Nuevo Testamento? La esposa de Cristo. El mensaje del Evangelio es, en efecto, una proposición matrimonial. Y así como la prostituta llega a ser reina al casarse con un rey, de la misma manera pecadores culpables llegan a ser hijos de Dios al identificarse con Cristo. Es esa relación y nuestra nueva identidad la motivación que nos impulsa a comportarnos de manera diferente.

Llega a ser una nueva creación, como la oruga que se convierte en mariposa. Siendo originalmente una criatura que se arrastra y limitada a la tierra, la oruga teje un capullo y queda totalmente encerrada en el mismo. Entonces ocurre un maravilloso proceso llamado metamorfosis. Al fin —emerge una mariposa—. Antes, una criatura ligada a la tierra, ahora puede volar por encima de la misma. Ahora puede ver la perspectiva desde el cielo. De la misma manera, como una nueva criatura en Cristo, usted debe comenzar a verse a sí mismo como Dios lo ve.

Si usted ve una mariposa, nunca se le ocurriría decir: "¡Oigan!, vengan todos a ver este lindo gusano transformado". ¿Por qué no? Después de todo *era* un gusano. Y fue "convertido". No, ahora es nueva criatura, y usted no piensa en él en términos de lo que fue, sino que lo ve como es ahora, una mariposa.

Igualmente, Dios le ve como su nueva criatura en Cristo, aunque usted no actúe siempre como una mariposa. Quizás se pose sobre cosas que no debe, o bien se olvide de que es mariposa y se arrastre con sus viejos amigos —lo cierto es que usted nunca más va a ser gusano.

Por eso la palabra usual en el Nuevo Testamento para uno que está en Cristo es "santo", que significa "apartado". Pablo, por ejemplo, en casi todas sus cartas se refiere a los cristianos como los "santos". Sin embargo, yo escucho a cristianos referirse a sí mismos como "un pecador salvado por gracia". ¡No!, eso sería igual que llamarle "gusano convertido" a la mariposa. Nosotros éramos pecadores, y fuimos salvos por gracia, pero la palabra de Dios nos llama santos desde el momento que nos identificamos con Cristo.

Algunas personas preguntan: "Pero yo todavía cometo pecados, ¿no me hace esto un pecador?"

Yo respondo: "Eso depende de si su identidad es determinada por su conducta —lo que usted hace—, o por lo que usted es delante de Dios". ¿Se da cuenta de cómo nosotros después de ser cristianos hemos continuado haciendo lo que el mundo hace, por determinar la identidad de una persona basándonos en su conducta. La única manera de librarnos de esto es hacer lo que Pablo escribió en Colosenses 3:1-3:

Si, pues, habéis resucitado con Cristo, buscad las cosas de arriba, donde está Cristo sentado a la diestra de Dios. *Poned la mira en las cosas de arriba,* no en las de la tierra. Porque habéis muerto, y vuestra vida está escondida con Cristo en Dios.

En todo el Nuevo Testamento, la motivación dominante para vivir vidas santas es el amor y la gracia de Dios. Efesios, por ejemplo, es muy representativa de las cartas de Pablo y del Nuevo Testamento como un todo. Toda la carta puede resumirse en dos versículos clave. El primero es este: "Bendito sea el Dios y Padre de nuestro Señor Jesucristo, que nos bendijo con toda bendición espiritual en los lugares celestiales en Cristo" (Efesios 1:3). Los capítulos del 1 al 3 son un comentario sobre este versículo, al describir la grandeza de la misericordia de Dios hacia nosotros, y quiénes somos como resultado. Después, Pablo enfoca su atención a la motivación y conducta: "Yo pues, preso en el Señor, os ruego que andéis como es digno de la vocación con que fuisteis llamados" (Efesios 4:1).

El resto de la carta, del capítulo 4 al 6, expone las áreas prácticas en las cuales aplicar este versículo. En Efesios hay mucha exhortación a la acción, pero no pasemos por alto que Pablo ha dedicado 3 capítulos a establecer *por qué* debemos vivir esta clase de vida.

Para mí uno de los ejemplos de motivación más grandes y concisos en el Nuevo Testamento, se encuentra en Efesios 5:8: "Porque en otro tiempo erais tinieblas, mas ahora sois luz en el Señor; andad como hijos de luz". Una buena paráfrasis sería, "Usted antes era gusano, pero ahora es mariposa; vuele, pues, como mariposa".

Si usted le preguntara al apóstol Pablo, ¿Por qué debo vivir como hijo de luz? su respuesta sería sencilla y práctica: "Porque eso, precisamente, es usted". ¿Acaso no tiene sentido? Sí, si damos por sentado que usted sabe que es un hijo de luz. Pero muchos cristianos viven la vida cristiana —tratando de actuar como mariposas— mientras en su corazón piensan que todavía son gusanos.

La Biblia dice: "Si alguno está en Cristo nueva criatura es, las cosas viejas pasaron, he aquí todas son hechas nuevas". En los siguientes capítulos, exploraremos esas "nuevas cosas" que Dios nos ha dado en su gracia —comenzando con el tema tan crucial de nuestra identidad con Cristo.

6

Hacia una autoestima adecuada

El niño, casi de tres años de edad, caminó a través de los enormes corredores. Pasó por el lado de varios policías bien armados y después cerca de varios empleados que le prestaron poca atención, excepto por una ocasional sonrisa. Al pasar cerca del escritorio de una secretaria, el pequeño niño no se percató del saludo de ella, estaba muy interesado en alcanzar su meta. Frente a la puerta estaba otro guardia armado, pero éste no hizo ningún movimiento para detenerlo. El niño abrió la puerta y entró. Con una sonrisa, corrió por la alfombra de la Oficina Oval [la oficina del presidente de los Estados Unidos en la Casa Blanca] y se fue a sentar en las piernas del hombre más poderoso del mundo. Miembros muy importantes del gabinete tuvieron que esperar para continuar su discusión, ya que el presidente John F. Kennedy intercambiaba besos y abrazos con su hijo John-John.

Los años en que J.F. Kennedy fue presidente son memorables para mí porque fue una de las pocas veces que han vivido niños pequeños en la Casa Blanca. Recuerdo cuando veía en las noticias cuánto el presidente amaba a sus hijos y se deleitaba en incluirlos en su programa del día, aun cuando trataba asuntos que tenían que ver con el futuro y la seguridad del mundo entero. El contraste siempre me llamó la atención: el hombre más poderoso del mundo, y el niñito que podía

77

caminar por enfrente de secretarias, miembros del personal, y guardias de seguridad sin ser detenido hasta los brazos de su padre.

¿Se pueden imaginar que alguien se hubiese opuesto? "Un momento, por favor, ¿acaso no sabes quién es este hombre? El es el presidente de los Estados Unidos, el líder de la nación más grande de la tierra. Tú no puedes entrar aquí cuando se te ocurra, y luego sentarte en sus piernas. ¿Quién te crees que eres?" John-John habría mirado a su retador con una sonrisa de confianza total, y le habría dicho: "El es mi papá". Usted puede observar que John-John sabía quién era su papá, y sabía quién era él mismo.

La tragedia de los cristianos hoy en día es la completa ignorancia de quiénes somos en Cristo. Después que Jesucristo ha hecho todo lo necesario para hacernos aceptables a un Dios santo, e impartirnos Su vida para que la experimentemos cada día, todavía muchos de nosotros dudamos de que Dios en realidad escuchará nuestras oraciones; de que seamos dignos de servirle en el ministerio; o, simplemente, de que Dios verdaderamente nos ame. "Lo que quiero decir es: ¿Cómo puede amarme Dios sabiendo como soy?", pensamos en nuestros corazones.

Sé de primera mano que estas dudas aparecen en la vida de un sinnúmero de cristianos. Las he escuchado muchas veces durante horas de consejería personal y estudios bíblicos. Cada noche en nuestro programa radial en vivo, nos hacen las mismas preguntas y expresan las mismas dudas.

En algunos seminarios he repartido tarjetitas al público y les he pedido que escriban su respuesta a una sola pregunta: "¿Cómo piensa usted que Dios le ve ahora mismo?" Las respuestas son tristes. He aquí algunos ejemplos reales: "Un ser que es pecador, que trata de no pecar, pero que termina pecando". "Dios me debe ver a menudo como hipócrita, ya que he aprendido a hacer bien el papel de cristiano, pero en mi corazón no he cedido à Dios genuina y completamente cada área de mi vida". "El me mira como un bebé muy turbado y mal informado". "Yo creo que él se siente hastiado cuando me mira; desazonado, disgustado". "El está harto de mí".

No es fácil para semejantes personas que piensan que Dios los ve así, aplicar versículos tales como Hebreos 4:16, que dice: "Acerquémonos, pues, *confiadamente* al trono de la gracia, para alcanzar misericordia y hallar gracia para el oportuno socorro". A la raíz de la necesidad de estos individuos, como en la confianza de John-John Kennedy, está la cuestión de la *identidad.* ¿Quién es usted? y, ¿cómo usted determina quién es?

Imagínese por un momento que vive en una isla desierta, sin haber visto nunca otro ser humano. De repente, una voz del cielo le pregunta: ¿Quién eres tú? Usted no tendría la menor idea de cómo contestar. Pero, un barco aparece en el horizonte y llega a la isla. Un hombre llega nadando hasta la playa, corre hasta donde está usted y le abraza y grita, al fin he encontrado a mi hijo perdido".

Usted le pregunta: "¿Quién es usted?"

"Soy Juan de los Palotes, y tú eres mi hijo Perico".

De nuevo la voz del cielo pregunta: "¿Quién eres tú?"

Ahora usted conoce la respuesta. "Yo soy Perico, hijo de Juan de los Palotes".

Una persona no tiene identidad aparte de su relación con alguien o algo. Esa es la razón por la cual nos adherimos a cualquier cosa en nuestra desesperante necesidad de descubrir quiénes somos. Las personas determinarán su identidad por medio de su apariencia, ocupación, habilidades, relaciones familiares, amigos, afiliación denominacional, y de muchas otras maneras. El común denominador de todos estos intentos para descubrir la identidad es que todos ellos son temporales —pueden cambiar con los vientos.

Una niña colorea un dibujo y se lo lleva a su mamá, y ésta reacciona emocionada: "Susana, este dibujo es maravilloso, eres un genio. Te apuesto a que serás artista algún día".

Susana se retira pensado: *Si a mi mamá le gustó un dibujo*

tan pequeño, ya me imagino cuánto disfrutará con uno grande en la pared. Y así lo hace, va y busca la pared más grande en su cuarto, y comienza su obra maestra.

Más tarde escucha un grito: "Susana, niña tonta, ¿qué estabas pensando...?" Tal mensaje es muy confuso para un niño. En un minuto es un genio, el siguiente es lo opuesto.

Al llegar a ser adultos probablemente hemos adquirido suficiente experiencia para confirmar que las opiniones de otras personas son una manera inestable para determinar quiénes somos nosotros. Los atletas profesionales son un ejemplo por excelencia. Si hacen una jugada extraordinaria, las personas lo llaman héroe, pero si falla en la misma jugada, se le juzgará el resto de su vida. Lo mismo sucede en el matrimonio. Si alguien me preguntara: "¿Qué piensa su esposa de usted?" Mi respuesta sería: "¿A qué hora?" Porque su opinión puede cambiar en cualquier momento.

Muchas personas determinan su identidad por medio de su profesión: "Soy un hombre de negocios". ¿Pero qué sucede si le despiden o se jubila? ¿Quién es usted como consecuencia? "Yo soy madre", dicen algunas mujeres. Pero, ¿qué pasa cuando los hijos crecen y se van de la casa para vivir sus vidas como adultos? ¿Quién es usted entonces? "Yo soy un atleta... músico... o quizás modelo". Al determinar su identidad por la apariencia o por la función de su cuerpo, seguramente está construyendo su vida sobre la arena. Hay heridas y enfermedades que le pueden atacar. Hay competencia intensiva y continua —quizás alguien mejor que usted aparece a la vuelta de la esquina—. Por lo menos, el proceso de envejecimiento es inevitable.

Solamente hay una manera de determinar su identidad que es estable para siempre, un fundamento que nadie le puede quitar: "Yo soy hijo de Dios". Ahora usted puede ser un hijo de Dios que es un hombre de empresa, o una madre, o un atleta. Pero la fuente central de su identidad es su relación con su Dios y Padre, no con las cosas que hace. Solamente de esta manera puede llegar a descubrir una seguridad verdadera.

Todos nosotros llevamos cicatrices de pasadas experiencias. Por ejemplo, piense en los niños que juegan en el patio de la escuela, y cómo se tratan los unos a los otros. Escuche los apodos: Cerdito, Palo-de-escoba, Apestoso, Cabezón, Burro, Cara-de-piña, Retrasado. Piense en las clasificaciones: "El es un aprendiz perezoso". Este mundo no es un lugar muy "agradable" para vivir. Y muchos de nosotros todavía estamos heridos y luchando con esos recuerdos aunque ya nos estamos convirtiendo en abuelos.

No hace mucho tiempo, después de un seminario que enseñé, se me acercó un anciano muy emocionado que me dijo: "Deseo expresarle mi agradecimiento, porque en este seminario he aprendido por primera vez quién soy en Cristo". Le pregunté acerca de su historia, y me dijo: "Tengo ochenta y siete años. Cuando era niño, los otros chicos me llamaban 'cara de mono' y se burlaban de mí. Toda mi vida he luchado contra el concepto que tengo de mí mismo. Ahora puedo decir que Cristo me ha libertado".

Usted quizás esté preguntándose cómo era la cara de este anciano. Pues era muy atractivo. Pero como vimos en el Capítulo 2, nuestras emociones siempre responden a lo que está en nuestra mente, sin tener la capacidad de discernir entre la verdad y el error. ¿Pueden imaginarse a este hombre que durante *más de ochenta años* había tratado de escapar de semejante estigma? Qué triste. Muchas personas comparten la misma experiencia.

Y como si las usuales batallas de identidad que todos experimentamos fuesen pocas, a millones de personas se les señala con una identidad que enfoca su debilidad más grande. Un día, vino un joven a mi oficina para consejería. Estaba tambaleándose y temblando. Era evidente que estaba bajo la influencia de alguna droga. Se presentó de la siguiente manera: "Mi nombre es Jimmy. Soy paranoico, maniático-depresivo y esquizofrénico". Lo miré y le dije: "De veras, esa es una autoestima maravillosa. Me imagino que te es difícil esperar el día siguiente para verte en el espejo y decirte: 'Hola Jimmy, paranoico, maniático-depresivo, esquizofrénico'. ¿Quién te dijo todo eso?" Después de su sorpresa inicial, Jimmy relató su historia. El había estado bajo tratamiento con psiquiatras y psicólogos desde que tenía dieciocho años. Originalmente su padre lo llevó porque en aquel tiempo sufría de "depresión". Pero con cada nuevo consejero, sus diagnósticos iban aumentando en complejidad. Jimmy vivió una vida llena de tropiezos caracterizada por fracasos en el trabajo, en su matrimonio y en la vida en general. Su dependencia de las drogas aumentó cuando se resignó a sus circunstancias.

"Jimmy, estoy de acuerdo en que has hecho algunas decisiones muy pobres en tu vida y vamos a trabajar en ellas. Pero en este momento me preocupa lo que tú piensas que eres. ¿Eres cristiano?"

"Sí".

"¿Vive Cristo en tu vida?"

"Sí".

"Entonces, vamos a determinar quién eres basándonos en lo que *Dios* dice acerca de ti. ¿Crees que si Dios estuviese presentándote en el cielo como uno de sus hijos, El diría: 'Este es Jimmy, el paranoico, maníaco-depresivo, esquizofrénico'? No, Dios diría: 'Este es mi hijo amado Jimmy'. Es que cuando Dios te ve, El mira a un hijo completamente perdonado y perfecto delante de El porque estás en Cristo y eres habitado por el Espíritu de Dios. Y te ve como una persona que también ha efectuado algunas decisiones bastante malas, y quien ha creído muchas mentiras que se basan en la filosofía de este mundo".

A este punto Jimmy ya estaba despabilado. El dijo:

"Sabes, Bob, Dios me ha estado mostrando lo mismo últimamente al leer la Biblia en estos días, pero no sabía cómo expresarlo en palabras". Jimmy y yo trabajamos arduamente para examinar uno por uno todos los errores en su vida, pero el asunto clave fue arreglar el asunto de su identidad. Estudiamos la Biblia fervorosamente, hasta que Jimmy vio por sí mismo y por primera vez quién era él ante los ojos de Dios.

Luego, encontró a un doctor que le ayudó a salir del vicio de las drogas, y cada día comenzó a mejorar visiblemente. Hoy, Jimmy tiene una nueva familia y es un hombre saludable e íntegro que está creciendo en el Señor.

Muchas otras personas se encuentran en una trampa como la de Jimmy. Ellos se identifican a sí mismos como, "Yo soy Juan y soy alcohólico", o bien, "Yo soy Jorge y soy homosexual". ¿Por qué no hacemos lo mismo con los otros pecados? A veces yo lucho con la crítica. ¿Por qué no digo: "Yo soy George, y soy un criticón?" Les diré por qué. Simplemente porque rehúso definirme por mis fracasos. La verdad es lo que *Dios* dice acerca de nosotros. Cuando alguien acepta una clasificación como una de estas, su identidad se cimenta en su propia mente tal y como lo dicta su conducta. Por lo tanto, es natural dar por sentado que la conducta nunca puede cambiar. Así las personas aceptan como inevitable y normal una esclavitud de la cual Dios desea liberarles.

¿Pero cómo determina usted lo que Dios piensa acerca de usted? ¿Es sencillo? Desde la perspectiva de Dios, solamente hay dos clases de personas en el mundo. Sus identidades, como siempre, están representadas en la Biblia con la persona con la cual se identifican. 1 Corintios 15:22 declara: "Porque así como *en Adán* todos mueren, también *en Cristo* todos serán vivificados". Las dos clases de personas que Dios ve, son descritas como estar "en Cristo" o, "en Adán". Pero este es un lenguaje extraño para nosotros. ¿Qué significa "estar en" alguien? Estar "en" alguien significa que es la cabeza de nuestra familia. Como tal nos ha dado su nombre, su naturaleza, una herencia, y un destino.

Para comenzar tomemos a Adán. Cada ser humano al nacer en este mundo, nace "en" Adán. Eso implica que tenemos la misma naturaleza, herencia y destino que Adán posee desde la caída. Por lo tanto, nacemos espiritualmente muertos, con naturaleza pecaminosa; a menos que haya un cambio, tal descripción será eterna. Una vez, una persona le preguntó a un líder prominente: "¿Qué debe hacer el hombre para ir al infierno?" Su respuesta fue: "Absolutamente nada". El hombre nace orientado en esa dirección. Esa es la herencia que Adán nos dejó. Pero la herencia que nos dejó Jesús es totalmente diferente a la de Adán:

> Así que, como por la transgresión de uno vino la condenación a todos los hombres, de la misma manera por la justicia de uno vino a todos los hombres la justificación de vida. Porque así como por la desobediencia de un hombre los muchos fueron constituidos pecadores, así también por la obediencia de uno, los muchos serán constituidos justos (Romanos 5:18-19).

Por lo tanto, la pregunta más importante que usted y yo enfrentamos es: ¿Con quién estamos identificados, con Adán o con Cristo? ¿Cómo podemos cambiar nuestra identidad? El bautismo provee la respuesta.

Desde los primeros siglos de historia cristiana, ha existido una furiosa controversia acerca del bautismo. ¿Cómo se debe hacer? ¿Cuánta agua debe usarse? Esas preguntas no son una sorpresa. Satanás ha cercado las verdades más cruciales con el intento de cegarnos a la verdad que nos libertará.

Nuestra confusión me recuerda cuando yo era niño. En cierta ocasión estaba jugando con una pelota y mi perro. Este animalito era un gran cazador, pero a veces perdía contacto visual del lugar donde la pelota caía. Regresaba sin ella moviendo la cola y jadeando.

"Rusty allá, búscala allá". ¿Ha tratado usted de indicarle a un perro adónde ir sólo señalándole con el dedo? Simplemente, no funciona. Lo que hizo el perro fue olerme el dedo. "No, el dedo no, por allá". Pero de nuevo el perro sólo me olía el dedo y lo lamía. El perrito no entendía el significado de mi mensaje.

Yo creo que hemos hecho la misma cosa con varias verdades bíblicas. En lugar de enfocar nuestra atención en lo que Dios desea que conozcamos, hemos concentrado nuestra atención en los símbolos divinos (dedos que señalan), y aun a los mismos símbolos los hemos hecho objetos de contención. El bautismo es uno de ellos.

El significado literal del bautismo es "sumergir". Los antiguos griegos lo usaban para describir el proceso de morir. El significado clave detrás de la palabra bautismo es *identificación total*, y eso es lo que Dios está tratando de enseñarnos. Nacemos en Adán espiritualmente muertos, y por naturaleza pecadores. Escuchamos entonces las buenas nuevas acerca de Jesucristo, confiamos en El como Salvador y Señor; ¡en ese instante somos bautizados en el Espíritu Santo! (1 Corintios 12:13). Esto es algo que sucede instantáneamente a cada cristiano en el momento de nacer espiritualmente; *el cristiano está totalmente identificado con Cristo.*

Si esto le ha sucedido a usted, entonces ya no está en Adán, ¡está en Cristo! El es ahora cabeza de su familia. La muerte ya no es su herencia: "Porque así como en Adán todos mueren, también en Cristo todos serán vivificados" (1 Corintios 15:22). Ahora usted llega a "ser participante de la naturaleza divina" (2 Pedro 1:4). Ahora el cielo es su destino eterno. ¿Por qué obtiene estas cosas? Porque ahora está en Cristo.

Cristo nos hace nuevas criaturas (2 Corintios 5:17). Llegar a ser nueva creación no se refiere a nuestra conducta, sino a nuestra identidad.

En mi caso, ¿quién era yo antes? Bob George en Adán, sin el Espíritu de Dios, espiritualmente muerto, un pecador culpable. Ese hombre está muerto y ya no existe; nunca existirá otra vez. ¿Quién soy ahora? Bob George en Cristo, una persona que posee el Espíritu Santo, espiritualmente vivo y totalmente perdonado. Ahora usted puede estar seguro de que su cambio de identidad resultará en algunos cambios de conducta. Esa es la razón por la cual Pablo pudo escribir: "Con Cristo estoy juntamente crucificado, y ya no vivo yo, mas Cristo vive en mí; y lo que ahora lo vivo en la carne, lo vivo en la fe del Hijo de Dios, el cual me amó y se entregó a sí mismo por mí" (Gálatas 2:20).

En nuestra sociedad hoy en día, desde educadores hasta psicólogos y líderes cristianos, nos dicen que nuestro problema es una autoestima muy pobre. Se expresa con frecuencia que cada persona necesita autoestima positiva. Pero la Biblia nos dice exactamente lo contrario. Mientras que el mundo nos dice que necesitamos amarnos más, la Biblia dice que el problema del hombre es que se ama demasiado. Eso es orgullo, una manera distorsionada y exagerada de verse uno a sí mismo —la esencia del pecado—. La palabra de Dios dice: "A cada cual que está entre vosotros, que no tenga más alto concepto de sí mismo que el que debe tener" (Romanos 12:3), y "Nada hagáis por contienda o por vanagloria; antes bien con humildad, estimando cada uno a los demás como superiores a él mismo" (Filipenses 2:3). ¿Cómo se puede combinar este versículo con la filosofía del mundo, que dice: "Busca ser el número uno a toda costa"?

Nosotros no necesitamos una *buena* apariencia; necesitamos una apariencia apropiada —que esté de acuerdo con la Palabra de Dios—. Algunos dicen: "Yo soy feo y me odio a mí mismo". Esa es una contradicción de términos. Si usted realmente se odiara, estaría contento de ser feo. La razón por la cual se enoja es que realmente se ama y, por lo tanto, desea tener una mejor apariencia.

Al vivir en Cristo, somos perdonados y aceptados totalmente por El, ahora usted puede decidir: se presentará delante de El para que El viva Su vida a través de usted, o se presentará al pecado y la concupiscencia de la carne (Romanos 6:11-13).

El alma humana es como un piano maravillosamente construido. Sin embargo, la calidad de la música depende de la persona que la ejecuta. Si es un concertista profesional, escuchará una música maravillosa. Pero permita a un gorila tocar el piano y el resultado será diferente. Esa es su oportunidad cotidiana. ¿Se presentará a Cristo, el músico por excelencia, o al pecado con la destrucción que produce? Cuando Cristo me controla, yo amo a Bob George. Cuando dejo que el pecado ejerza su influencia, no lo soporto. Pero Dios desea que sepamos que somos en Cristo y descansemos en ello: hijos amados aun en medio de nuestros peores fracasos. Sólo de esta manera, tendremos la confianza de llegar a El en tiempo de necesidad.

Un vivo ejemplo de la importancia de la identidad, es la historia de Janet, una chica de veinte años. Ella había sido hospitalizada por anorexia y bulimia. Estos son términos médicos para cierto patrón de conducta que se encuentra muchísimo más en las mujeres que en los hombres. Una persona anoréxica, piensa que es gorda y se obsesiona con la idea de perder peso. Se mata de hambre a sí misma y se engaña al pensar que todavía es gorda, aun cuando ha llegado al punto de parecer un cadáver. La parte bulímica de la conducta, es el patrón de perder control de la dieta. La persona come demasiado, se siente culpable y luego vomita para no ganar peso. Esto era lo que Janet tenía.

Durante seis semanas estuvo recibiendo tratamiento en un hospital de Dallas. Pero los profesionales que la trataron, no consultaron lo que Dios ha dicho acerca de la naturaleza humana. Su conclusión fue que ella tenía un pobre concepto de sí misma el cual debía mejorarse. Por lo tanto, le aconsejaron técnicas de meditación hindú "para agarrar la luz solar y traerla a su cuerpo" y así tendría sanidad, fuerza y confianza propia (algunos dicen que usted "debe poner la mente en blanco" para ser cristiano). Todo esto me hace recordar lo que Dios dice: "Profesando ser sabios se hicieron necios" (Romanos 1:22).

Después de esas semanas de fracaso, sus padres la trajeron a mi oficina. Yo les dije: "Déjenla unos días aquí con nosotros. Le daremos algún trabajo voluntario en la oficina y yo la aconsejaré". Una semana más tarde, Janet regresó a la casa, libre de su conducta autodestructiva. ¿Cómo sucedió? No porque yo sea un superconsejero, sino, más bien, porque la verdad libera. En particular, la Biblia reveló que los consejeros en el hospital la tenían en el error. El problema de Janet, no era de una autoestima pobre, sino una preocupación constante consigo misma. El remedio era desarrollar un concepto bíblico y equilibrado de su persona.

¡Juntos examinamos las Escrituras! Rápidamente nos dimos cuenta de que Janet era una cristiana típica. Sabía que al morir iría al cielo, pero no tenía la menor idea de cuánto le amaba Dios en la actualidad. Tampoco conocía acerca de la vida de Cristo en ella. Sin un fundamento sólido para determinar su identidad en Cristo, se vio obligada a determinarla según el mundo. ¿Y qué dice el mundo? Bueno, vea y escuche el mensaje que los medios de comunicación presentan: Si usted quiere ser admirado por los miembros de su propio sexo y deseado por los miembros del sexo opuesto, necesita parecerse a los modelos que presentan toda clase de anuncios nocivos. Si tiene una onza más de grasa, olvídelo, nadie le querrá.

Janet compró esa basura. Otras personas lo han hecho también. Es una mentira. Janet se obsesionó tanto para obtener esa clase de aceptación que el mundo ofrece siempre con cierto "gancho". Le explicamos el error, y examinamos la Biblia para ver lo que Dios decía acerca de ella. Estaba maravillada, e inmediatamente respondió con gozo y gratitud a Cristo. Enseguida atacamos su problema de conducta.

"Janet, ¿qué dice Dios acerca de ti?"

"El dice que yo soy santa y amada por El".

"¿Por cuanto tiempo?"

"Para siempre".

"¿Crees que Dios sabía lo que estaba haciendo cuando te formó? ¿Crees que El pudo haberte hecho diferente si así lo hubiese deseado?"

"Seguro".

"Entonces, ¿qué sentido tiene que te sientes a pensar en todas tus imperfecciones? Es como decirle a Dios: 'Tú no sabes lo que estás haciendo. Hiciste el mundo muy bien, pero te equivocaste cuando me hiciste a mí'".

"Eso es absurdo", puntualizó Janet.

Yo asentí con mi cabeza. "Janet ningún hombre va a amarte porque seas flaca como una escoba. Alguien va a amarte por la clase de persona que eres. Si alguien te acepta o rechaza a causa de tu cintura, entonces, su amor no tiene valor alguno. Eso no es amor.

"Preocuparnos por nosotros mismos, sólo nos hace miserables. Jesús dijo: 'Yo no vine para ser servido, sino para servir'. Jamás vamos a encontrar la felicidad por estar siempre pensando en nosotros mismos. Descubrimos el significado y propósito en la vida cuando aprendemos a servir a los demás. Tú eres una mariposa Janet. Levántate y vuela".

Este proceso, no fue algo mágico e instantáneo. Pero Janet fue liberada, y el remedio fue hacerle ver que ella era santa y una hija amada de Dios. Esa identidad es una verdad que las opiniones de los demás no pueden cambiar. Cuando ella aprendió a depender de Cristo, fue librada de su terrible esclavitud.

La identidad del cristiano en Cristo no es algo de poca consecuencia; es primordial poder experimentar la vida cristiana genuina. Si no comprendemos bien este concepto, no tendremos la confianza de acercarnos a nuestro Dios y Padre para que nos ayude cuando más lo necesitamos. Pero si aprendemos una lección del niñito llamado John-John y descansamos en quiénes somos, podemos acercarnos con confianza al trono de gracia y comenzar a descubrir las riquezas y la libertad que ya poseemos en Cristo porque somos hijos del Rey.

7

Amados y aceptados

Mi hijo Bobby, había finalizado sus estudios en la universidad y se hallaba en el arduo proceso de buscar un trabajo. La situación laboral en Dallas en esos días era muy difícil. La economía había empeorado, y aun los hombres de empresa de mucha experiencia estaban andando a la rebatiña. Muchos se hallaban sin trabajo. Obviamente, un joven acabado de graduar de la universidad no estaba en la mejor de las posiciones. Al notarle desanimado, le invité a desayunar para de esa manera darle ánimo y alguna palabra de consuelo.

Tuvimos una larga y beneficiosa conversación acerca del trabajo, el mundo de los negocios y las entrevistas, y tal parecía que se estaba animando. Seguimos hablando de otras cosas y disfrutamos un buen rato, sólo por estar en compañía el uno del otro. Casi al final de nuestra conversación, Bobby dijo:

"Muchas gracias papá por tu tiempo, de veras estaba desencantado conmigo mismo, pero me has ayudado bastante.

"Sabes", dijo, "algo de lo que siempre he estado seguro es de que me amas mucho. Me lo has demostrado en distintas formas".

Me agradó lo que dijo, sólo que me parecía incompleto. Pensé durante unos segundos, entonces Dios pareció darme una nueva idea.

"Bobby, yo realmente te amo, siempre te he amado y siempre te amaré, pero déjame hacerte una pregunta:

91

¿Sabías tú que siempre te he *aceptado*?"

Tal parece que mi pregunta tomó a Bobby de sorpresa. Preguntó: "¿Qué quieres decir?"

"Quiero decir que existe una diferencia entre amar y aceptar. Tú dices que estás confiado de que yo te amo, pero ser aceptado es otra cosa. ¿Sabías tú, por ejemplo, que yo te acepto tal y como eres? ¿Que *tú* de verdad me agradas?"

Bobby pensó unos momentos. Luego, en un tono más serio dijo:

"No papá, yo creo que no. Yo no creo haber sentido que tú me aceptas".

Le supliqué que me lo explicara.

"Creo que siempre pensé que te agradaría si yo fuese más espiritual. Tú sabes, si leyera más la Biblia, o participara en más actividades cristianas, o quizás si sirviera a Dios a tiempo completo, así como lo has hecho tú, en lugar de entrar en una empresa".

Cuando Bobby me confió sus verdaderos sentimientos, trajo a mi memoria muchos recuerdos que me hicieron consciente de mi deficiencia. Me acordé de mis primeros días de convertido. Bobby y mi hija Debbie tenían aproximadamente ocho y diez años respectivamente, y pronto los guié a Cristo. Tengo mucha gratitud por haber tenido esa experiencia, pero en esa ocasión, sólo pude compartir lo que conocía: Con mucho énfasis declaraba que Cristo Jesús había muerto en la cruz para obtener el perdón de nuestros pecados, pero estaba muy limitado referente al hecho de que El había venido a vivir en nosotros. Y es que se puede llevar a alguien sólo hasta donde uno mismo haya llegado.

Siendo un nuevo cristiano sumamente entusiasta, me dediqué intensamente a la evangelización personal. Me daba mucho orgullo presentar a Cristo con soltura. A veces era inmaduro y torpe, pero mi celo era genuino. Desafortunadamente me dio por creer que mi estilo de vida era el patrón que otros cristianos debían seguir. Presioné a muchas personas, usando métodos sutiles y no tan sutiles que los hacía sentir culpables, para que fueran como yo. Hice lo mismo con mis hijos. Bobby entraba y decía que había conocido a un niño nuevo en el vecindario y que se había divertido con él. Yo miraba a Bobby directamente a los ojos y le respondía: "Qué bueno, Bobby. ¿Le testificaste?

Uno de los episodios peores y más embarazosos ocurrió unos dos años después. Ya yo estaba totalmente dedicado al ministerio y asistí a una conferencia de entrenamiento. Uno de los oradores, que tenía una gran reputación como testigo eficaz, habló de cómo había llevado a sus hijos a testificar de puerta en puerta. Cuando yo vi toda la atención positiva que él estaba recibiendo, pensé: "Yo puedo hacer lo mismo". Después de todo yo era un testigo osado. No tenía temor de tocar a las puertas de personas desconocidas para compartir mi fe. Así que iba yo, con mi hijo tímido, susceptible, de once años de edad, caminando por los vecindarios, testificando de Cristo a personas desconocidas —todo para impresionar a otros cristianos, sólo con el fin de recibir las mismas alaban-zas que él otro hombre había recibido— mientras que el pobre Bobby estaba temblando de temor. Le pregunté a Bobby si recordaba esa ocasión. Recordaba muy bien esto, y admitió que en esa época había decidido que si eso era requisito para ser un buen cristiano, él se mantendría en la periferia y no se involucraría de manera muy profunda. Entonces, al pensar que no vivía a la altura de mis normas para que yo le aceptara, y creyendo que yo le desaprobaba, llegó a ser más reservado conmigo y a alejarse más y más de mí. Podría haberle dicho diez mil veces cuánto le amaba, y haberle dado miles de abrazos y besos. Pero todas esas demostraciones de amor no habrían causado efecto alguno —*porque él no creía que yo le aceptaba.*

Finalmente tuve la oportunidad de decirle que actué equi-vocadamente, y pedirle perdón por mi necedad a través de los años. De más importancia aún: pude decirle no sólo que le amaba y que siempre sería así, sino que le aceptaba tal y como era, y que él no tenía que hacer, ni llegar a ser, alguna otra cosa para ganar mi aceptación.

No había "si" alguno adherido a mi aceptación de él. Yo simplemente lo aceptaba y él ya me agradaba a mí. Nuestra relación fue renovada esa mañana. De igual manera, aprendí una lección invaluable: *el amor prácticamente no tiene sentido sin la aceptación.*

Habiéndome percatado de esta verdad, he descubierto desde entonces que muchos cristianos se relacionan con Dios como Bobby se relacionaba conmigo. La mayoría pueden recitar de memoria a Juan 3:16: "Porque de tal manera amó Dios al mundo..." Sin embargo, cada día viven como si Dios estuviese molesto con ellos como consecuencia de sus fracasos al no vivir de acuerdo a Sus principios divinos. Pero, a menudo, no son principios divinos los que están tratando de guardar, sino más bien regulaciones impuestas por ellos mismos u otras personas.

Hay cierta mentalidad especialmente destructiva, llamada el "cristiano fantasma". Ese cristiano es la persona imaginaria con la cual a menudo nosotros nos comparamos. Es el hombre superespiritual que se levanta cada mañana a las cuatro para orar durante cuatro horas. Luego pasa cuatro horas leyendo la Biblia. Después en su trabajo eficazmente testifica de Cristo a cada persona que encuentra. Enseña varios estudios bíblicos, va a la iglesia cada vez que sus puertas se abren, y sirve en varios comités. En la casa es un líder espiritual por excelencia, un ejemplo brillante de padre y esposo amoroso que todos los días dirige un tiempo devocional familiar emocionante para su esposa de "Proverbios 31", y sus hijos perfectos.

Por supuesto, nadie pudiera alcanzar esas normas. Aun si poseyera la habilidad, dicha persona necesitaría cien horas al día. Racionalmente, todos sabemos que el "cristiano fantasma" es ridículo, pero el problema es que él nunca llega a nuestro ser consciente. Es un fantasma vago que se sienta en la parte trasera de nuestras mentes, y crea un sentido de fracaso y nos dice que no estamos alcanzando la norma. Esa es la razón por la cual muchos cristianos viven con un continuo sentimiento de culpa. A los que piensan que el cristiano fantasma representa el requisito de Dios para la aceptación, les parece que Dios está a un millón de kilómetros, sentado en el cielo con sus brazos cruzados en señal de desaprobación. Ni siquiera se toman el trabajo de orar, porque piensan que Dios no les responderá.

Los que viven en esta clase de servidumbre conocen bién la enseñanza bíblica de que Dios les ama, pero claramente no creen en sus corazones que Dios les *acepta*. Y a menos que sepan que Dios les acepta, y descansen en ese hecho, Su amor llegar a ser prácticamente sin sentido, y sin efecto en la vida diaria. A menudo he hablado del amor de Dios en las sesiones de consejería y he visto a cristianos reaccionar de manera agria a las palabras. "Y ¿qué?", dicen ellos. "El ama a todos". Lo que ellos quieren decir es que el único amor que ellos conciben que procede de Dios es un amor vago, universal e impersonal.

En muchos casos, la herencia que tenemos en Cristo y cómo Dios genuinamente nos acepta no se enseña. Sin embargo, la ignorancia de la Palabra de Dios no es la única causa de esta situación. Muchas personas que conocen bien las Escrituras, experimentan la misma cosa. En cierta ocasión estaba hablando a los estudiantes de un seminario teológico. Cuando discutimos la identidad del cristiano en Cristo, les formulé una serie de preguntas; "¿Cuántos de ustedes son tan justos y aceptables *a la vista de Dios* como yo?" Todos los presentes levantaron la mano. Pregunté de nuevo: "Cuántos de ustedes son tan justos y aceptables *ante Dios* como Billy Graham?" Casi la mitad de ellos levantaron la mano. "¿Cuántos de ustedes son tan aceptables y justos *a la vista de Dios* como el apóstol Pablo?" Casi el diez por ciento levantaron la mano. Ahora esta pregunta es muy difícil: "¿Cuántos de ustedes son tan aceptables y justos *ante Dios* como *Jesucristo?*" Solamente tres manos se levantaron en un auditorio lleno de estudiantes de seminario.

Tenga en mente que este no era un caso de ignorancia. Este era un buen seminario. Cada persona en ese auditorio podría haber defendido agresivamente la doctrina de la justificación. Ellos, sin duda, tenían la verdad en sus *cerebros*. Pero ¿tenían la verdad en sus *corazones?* Esto ilustra perfectamente que una persona puede saber lo que *dice* la Biblia sin saber lo que *significa.* Me pregunto, ¿habría *usted* levantado la mano?

Finalmente comuniqué al grupo de estudiantes la admirable verdad que le estoy exponiendo: "Les voy a decir esto de manera directa para que no exista oportunidad de perder lo que les voy a decir. *Si usted es un verdadero cristiano, entonces es tan justo y aceptable ante los ojos de Dios como lo es Jesucristo.* ¡Si usted pudiera haber visto las caras que algunos pusieron! Creo que algunos temieron que un rayo me partiría allí mismo.

¿Cuál es su reacción? Si a usted esta verdad le causa la misma sorpresa que les causó a muchos de los estudiantes, entonces puede ser que no conozca quién es usted en Cristo. Pueda ser que conozca mucha doctrina, pero su vida cristiana diaria más bien es una carga que una bendición. Quizás haya tratado de cambiar su vida de muchas maneras pero sin éxito, a pesar de todos los seminarios, libros, y casetes que haya estudiado. Cualquiera que sea su situación, tengo buenas noticias para usted. Veamos la maravillosa herencia que ha recibido en Cristo. Es mi oración que nunca más tenga que batallar con dudas en cuanto a si Dios le acepta o no, para que pueda descubrir las inmensurables maravillas de su amor.

La mayoría de los cristianos entienden la idea general que hay detrás del perdón: Dios tomó nuestros pecados y se los dio a Jesús. Pero eso solamente es la mitad del evangelio. Dios también tomó la perfecta justicia de Cristo y nos la entregó. Segunda Corintios 5:21 dice: "Al que no conoció pecado, por nosotros lo hizo pecado, *para que fuésemos hechos justicia de Dios en él".* ¿Cómo pude yo pararme y declarar que *ante Dios* soy tan justo y aceptable como Jesucristo? ¿Soy justo y aceptable delante de Dios por lo que *hago?* De ninguna manera. Es a causa de lo que *soy* en Cristo. La Biblia pone gran empeño en declarar que la justificación es un regalo que el hombre recibe por fe. Romanos 5:17 es explícito:

"Pues, si por la transgresión de uno solo reinó la muerte, mucho más reinarán en vida por uno solo, Jesucristo, los que reciben la abundancia de la gracia y del *don de la justicia"* (Romanos 5:17).

La justicia (una posición justa de total aceptación delante de Dios) es un *regalo.* Usted no obra para recibirla. No se la gana. Ni la merece. Como cualquier regalo, todo lo que tiene que hacer es aceptarlo o rechazarlo. Una vez que lo recibe, es suyo.

Las personas a menudo me dicen: "No puedo concebir cómo Dios me puede justificar". Yo les respondo: "Tengo una mejor pregunta: ¿Cómo pudo Dios hacer a Jesucristo pecado?" Sinceramente, tengo menos problemas en entender cómo Dios me hizo justo, que en tratar de entender cómo Dios pudo hacer pecado a su Hijo. Segunda Corintios 5:21 enseña ambas cosas.

Los estudiantes del seminario, a pesar de defender tenazmente la doctrina de la justificación por fe, eran demasiado tímidos para declarar que ellos eran justos como Jesús. Pero el decir una cosa es decir la otra. La palabra "justificado" *significa* "ser declarado completamente justo". Lo que impide que alguien que conoce lo que la Biblia enseña acerca de la justificación se aplique ese conocimiento es el concepto de que nuestra justicia en Cristo solamente tiene que ver con el lugar al cual vamos al morir, y que nuestra aceptación presente está basada en nuestro comportamiento. Mientras alguien piense así, no podrá experimentar ningún beneficio práctico de saber que ya es justificado en Cristo; sino que continuará tratando con Dios como si estuviera en un sistema de méritos personales, y experimentará la misma clase de barrera emocional entre él y Dios (aunque no exista ninguna barrera desde la perspectiva divina) que experimentaba mi hijo Bobby conmigo. La verdad es que Dios nos considera totalmente aceptables y justos ante sus ojos ahora mismo —no por lo que hacemos, sino por lo que El ha hecho por nosotros.

La primera actividad que nos revelará si creemos esa verdad o no es la oración. ¿Cómo nos acercamos a Dios? La manera en que oramos revela nuestra percepción de la aceptación divina y lo que pensamos que El desea de nosotros. Lo que El desea, es que confiemos en El y en su Palabra —la palabra que nos dice que Cristo ha hecho todo— y que en virtud de ello nos acerquemos "confiadamente al trono de la gracia para alcanzar misericordia y hallar gracia para el oportuno socorro" (Hebreos 4:16).

Note que Dios dice "para el oportuno socorro" ¿Cuándo necesita usted más Su socorro? ¿No es cuando está fallando, experimentando tentación, o en las garras de algún pecado? Pero si no confía que ha sido hecho totalmente aceptable ante Dios, nunca tendrá la osadía de acercarse a El. Estará lejos del trono del rey, tratando de encontrar una manera de ganar el mérito suficiente para poder acercarse. El resultado es que evitará acudir a su única fuente de ayuda, Dios, cuando más lo necesita. ¿Cuándo podremos, usted y yo, ser suficientemente "dignos" de acercarnos al trono de un Dios santo por nuestros propios méritos? Nunca. Pero el Nuevo Testamento continú a y enfáticamente nos insta a que nos aprovechemos en la oración de lo que Dios ha hecho por nosotros por medio de Cristo "en quien tenemos seguridad y acceso con confianza por medio de la fe en él" (Efesios 3:12). ¿Cómo obtenemos seguridad y confianza? "Por medio de la fe en él". Todo se halla vinculado a la frase "orar en el nombre de Jesús".

A menudo le pregunto a los grupos: "¿Qué significa orar en el nombre de Jesús?" Nosotros hemos escuchado la frase muchas veces. Finalizamos nuestras oraciones con ella. Pero nadie parece saber el porqué. Probablemente la respuesta más sincera que he escuchado sea: "Es una manera de terminar nuestras oraciones, como decir 'Ya terminé, ¡adiós!'" No, orar en el nombre de Jesús es mucho más que una manera de concluir una oración. Orar en el nombre de Jesús significa que estamos reconociendo dos cosas: primero, que aparte de El, no hay manera en que podamos ser aceptados por un Dios santo. Segundo, nosotros declaramos que en virtud de lo que El es, y lo que ha hecho por nosotros, podemos ir a El en cualquier momento con la confianza de que le hallaremos con los brazos abiertos. No por nuestra justicia —ya no tenemos ninguna—, sino en la de *El*. Gálatas 3:27 dice: "Porque todos los que habéis sido bautizados en Cristo, *de Cristo estáis revestidos "*. Porque estamos en El somos completamente aceptables a Dios.

Ahora, recuerde que estoy hablando acerca de ser *nosotros* aceptables ante Dios, no necesariamente de nuestras *acciones*. En mi identidad, soy aceptable ante El por la eternidad, pero eso no significa que todo lo que yo *hago* sea correcto. Puede echarme el brazo al hombro (como decimos) y mostrarme la verdad acerca de algo en mi vida que está fuera de lo correcto; una actitud, acción o hábito. ¿Por qué? Para que El pueda *cambiar* mi actitud incorrecta, lo que resulta en un cambio de acción. Pero en ningún momento se cuestiona su aceptación de *mí*. El nunca trata conmigo de otro modo que en perfecto amor, aceptación, sabiduría y bondad. Ya que yo soy un hijo de Dios, no hay ocasión en la vida cuando El no atienda mi oración ofrecida en fe —es decir, en el nombre de Jesús.

La oración llega a ser la aplicación clave inicial de nuestra identidad en Cristo porque es inescapable. La Biblia dice que debemos "[orar] sin cesar" (1 Tesalonicenses 5:17), y este es exactamente el corazón de alguien en quien Cristo vive y que experimenta Su amor y aceptación. Pero al momento en que nos disponemos a acercarnos a Dios en oración, el grado de nuestra confianza en Su aceptación inmediatamente entra en acción. ¿Qué tan seguros estamos de que sus oídos estarán abiertos a nosotros? Yo no creo que muchos cristianos posean seguridad al orar. Y es porque no sabemos quiénes somos.

Basado en mi experiencia de enseñar y de aconsejar a miles de personas, creo que la fuerza más destructiva en la experiéncia humana es vivir bajo *el amor y aceptación condicionales*. Es decir, la actitud que dice: "Te amo *si...*" Esto es cierto en un plano puramente natural. Los que crecieron en un hogar en el que el amor y la aceptación de los padres tenían que ganarse, siguen experimentando dolor y lucha el resto de sus vidas. Por otro lado, los que han crecido en un ambiente de amor y aceptación sin condiciones, usualmente ven la vida con más confianza, y enfrentan los retos de la vida con una actitud positiva. Pero esto es, vuelvo a decir, sólo en el plano natural.

El mismo principio opera y se intensifica en lo que atañe a la vida espiritual de la persona. ¿Se ha preguntado por qué la historia de la religión deja tanto que desear? ¿Se ha dado cuenta de que los religiosos pueden ser las personas más despreciables de la tierra? Es que la religión *hace* ruines a las personas. Todas las formas de religión —el intento del hombre de alcanzar a Dios— se basan en las obras del hombre para ganarse la aceptación de Dios o de "los dioses".

Solamente el cristianismo, puro y sin diluir, habla de un Dios amante y dispuesto a aceptarnos que condescendió en acercarse al hombre para ofrecerle vida y perdón.

Si es cierto que la fuerza más destructiva en la experiencia humana es el amor y la aceptación condicionales, también lo es que la fuerza más poderosa que hay para transformar la vida es el mensaje del amor y la aceptación incondicionales de Dios en Jesucristo. Un ejemplo inolvidable es la historia de Juana.

Ella batalló toda su vida de adulta. Se casó con un militar ambicioso, y tuvo que vivir en muchas partes del mundo. Sin embargo, en lugar de disfrutar de una vida emocionante, sufría de una depresión continua. Las medicinas que le recetaban los médicos a penas lograban el efecto de ayudarla a sobrevivir. No había manera alguna de proveerle alivio a su depresión. Pero a menudo ni aun con estos medicamentos obtenía alivio de la depresión. En cuatro ocasiones diferentes el dolor emocional llevó a Juana a tratar de quitarse la vida. En el último intento, quedó en coma durante cuatro días, entre la vida y la muerte. Su esposo, cansado de lidiar con ella, la dejó y se divorció.

Después de su cuarto intento de suicidio, quedó tan atemorizada que no se atrevió a intentarlo de nuevo. Se resignó a seguir viviendo, pero la depresión no la dejó. Sola, Juana regresó a los Estados Unidos para tratar de imponerse algún tipo de vida. Allí en Dallas, fue invitada a uno de los estudios bíblicos que yo enseñaba. Inmediatamente respondió con gozo a las buenas nuevas, y recibió a Jesucristo. Juana se maravillaba al comenzar a descubrir lo que Dios decía acerca de su persona en las Escrituras. Prestaba suma atención a cada versículo que tratara del amor y la aceptación de Dios, y de su nueva identidad en Cristo. Su apariencia deprimida, nervios alterados y penosos movimientos, eran reemplazados por ojos que sonreían alegremente, ánimo apacible, y un nuevo "brío" al andar. Su preocupación de sí misma fue substituida por interés genuino en los demás. Pronto, de la depresión sólo quedaba el recuerdo.

Nunca olvidaré el día que Juana me dijo con cara sonriente: "Bob, toda mi vida he tratado de quitarme la vida y *¡finalmente lo he logrado!* Lo que oí me dejó desconcertado. Ella se rió de la expresión de mi rostro, y explicó: "Fui muy infeliz por mucho tiempo, pero ahora he aprendido cuánto me ama Dios, y estoy aprendiendo más cada día. La Juana antigua está muerta y se ha ido. Ella murió con Jesús en la cruz. Pero la nueva Juana está viva y es amada perfectamente por El".

Siguió explicando: "Toda mi vida busqué a alguien que me amara y aceptara tal cual soy. Traté de ganarme la aceptación de mi esposo, de mi familia, de hijos, y amigos. Y siempre estaba tratando de ganarme el amor y la aceptación de Dios. Pero es terriblemente difícil lograr que otros te amen cuando piensas que no puedes ser amada. Sólo en Jesús encontré amor y aceptación con los cuales puedo contar para siempre.

Pero lo maravilloso es que desde que dejé de *tratar* de conseguir que otros me amaran, he encontrado amor sin límites en los otros hijos de Dios".

Más de cinco años han pasado desde que conocí a Juana. Ella ha estado absolutamente libre de la depresión en todo ese tiempo. Hoy en día es una cristiana feliz, agradable, llena de compasión y de amor. Es ahora una consejera fina, sabia y comprensiva para los que se hallan en la misma trampa de depresión de la cual ella escapó por medio de Jesucristo.

Jesús dijo en Juan 6:35: "Yo soy el pan de vida; el que a mí viene nunca tendrá hambre, y el que en mí cree, no tendrá sed jamás". Cada ser humano que nace en este pobre mundo lleno de pecado experimenta una fuerte hambre de amor y de aceptación incondicional. Cuando aprendemos a confiar totalmente en Jesucristo, nos damos cuenta de que El es lo que ha prometido ser: la satisfacción total para esa hambre y esa sed. En El encontramos amor, aceptación incondicional, propósito, y significado en la vida. Toda búsqueda termina cuando se le halla a El.

8

El gran intercambio

Para mí una de las ilustraciones de la importancia del conocimiento espiritual, es la historia verdadera de un hombre apellidado Yates. Durante los años de la gran depresión, él poseía mucha tierra en el oeste de Texas y criaba ovejas. Vivía en extrema pobreza, luchando para conseguir ropa y comida para su familia.

Su situación empeoró casi al punto de perder todo lo que tenía por no poder pagar la pequeña suma de los impuestos de la tierra. Estaba al borde de la bancarrota cuando una compañía petrolera le abordó: "Creemos que hay petróleo en su finca, ¿nos permitiría excavar?"

Considerando que no tenía mucho que perder, les concedió el permiso. La compañía inició las excavaciones y muy cerca de la superficie descubrieron el yacimiento más grande en el continente norteamericano —un depósito que producía 80.000 barriles al día. De la noche a la mañana este señor llegó a ser multimillonario. Pero si usted piensa un momento, ya lo era desde que adquirió la tierra. El petróleo había estado allí, solamente que él no lo sabía.

Esta es la misma situación de los cristianos hoy día. La Biblia nos dice que Dios "nos bendijo con toda bendición espiritual en los lugares celestiales en Cristo" (Efesios 1:3). Pero al igual que el señor Yates, la mayoría de nosotros pasamos por alto las inmensurables riquezas que *ya tenemos* en Cristo. De modo que vivimos en pobreza espiritual.

Como dije previamente, muchos cristianos tienen un entendimiento de la salvación no necesariamente *equivocado*, pero sí muy *limitado*. Debido a ello Pablo ora por los creyentes en Efeso "para que el Dios de nuestro Señor Jesucristo, el Padre de gloria, os dé espíritu de sabiduría y de revelación en el conocimiento de él, alumbrando los ojos de vuestro entendimiento, para que sepáis cuál es la esperanza a que él os ha llamado, y cuáles las riquezas de la gloria de su herencia en los santos, y cuál la supereminente grandeza de su poder para con nosotros los que creemos, según la operación del poder de su fuerza" (Efesios 1:17-19).

Estas son las mismas cosas a las cuales se refiere el apóstol Pablo en 1 Corintios 2:9. "Antes bien, como está escrito: Cosas que ojo no vio, ni oído oyó, ni han subido en corazón de hombre, son las que Dios ha preparado para los que le aman". ¡Cuán desesperadamente necesitamos ese conocimiento! Pero cuando Pablo dice que "los ojos de nuestro entendimiento sean abiertos", se está refiriendo a algo más profundo que el intelecto, algo para lo cual Dios mismo tiene que darnos el poder de entenderlo. Pablo está hablando de un conocimiento verdadero de *corazón* de El y de su amor. Por lo tanto, nosotros debemos acercarnos a la verdad divina con una actitud humilde, enseñable, y de dependencia. Este conocimiento no nos llega a través de nuestra propia inteligencia y esfuerzo: "Pero Dios nos las reveló a nosotros por el Espíritu" (1 Corintios 2:10). Aunque no lo sabía en esa ocasión, esa era mi oración a favor de mí mismo cuando manejaba en la carretera con los ojos llenos de lágrimas. Cuando digo que estas verdades transforman la vida, hablo de mi experiencia personal: mi vida ha cambiado.

Lo mismo es cierto cuando hablo de la diferencia entre el conocimiento de la palabra de Dios en la cabeza y ese conocimiento en el corazón. Es una experiencia especial escuchar las antiguas grabaciones de mis enseñanzas. Hace doce años yo enseñaba muchas de las mismas verdades, usando los mismo versículos que presento hoy en día. Pero puedo decirle que, en realidad, en mi corazón no entendía de qué estaba hablando. Pero hoy en día mi experiencia del amor y de la aceptación de Dios es tan real que no la puedo describir. Por eso la oración de Pablo por los Efesios es la misma que hago por usted. Que a medida que exploremos más de nuestra herencia, tenga los ojos abiertos para entender con el corazón y con la mente las cosas "que Dios nos ha concedido" (1 Corintios 2:2) por medio de Jesucristo.

¿Cuál es su herencia en Cristo y cómo se convierte ese conocimiento en una vida cambiada? En respuesta, empecemos con el principio mayor que une todos los detalles: *usted nunca tendrá una vida cambiada hasta que experimente la vida intercambiada.*

Los cristianos están continuamente tratando de *cambiar* su vida, pero Dios nos llama a experimentar esa vida *intercambiada.* El cristianismo no es un programa de mejoramiento personal, o un proceso de reformación. ¡Es resurrección! Es nueva vida expresada en términos de un intercambio de identidad. Jesucristo se identificó a sí mismo con nuestra muerte a fin de que nosotros pudiéramos identificarnos con El en su resurrección. Nosotros le damos a Cristo todo lo que éramos —pecadores culpables muertos espiritualmente—, y Cristo nos da todo lo que El es —vida resucitada, perdón, justificación y aceptación.

Tenemos aceptación completa porque hemos experimentado un intercambio total: "Al que no conoció pecado, por nosotros lo hizo pecado, para que nosotros fuésemos hechos justicia de Dios en él (2 Corintios 5:21). Vimos esta verdad en el capítulo anterior. Examinemos entonces algunos de los *resultados* de haber recibido una posición de aceptación total delante de Dios.

Estamos en paz con Dios: "Justificados, pues, por la fe, tenemos paz para con Dios por medio de nuestro Señor Jesucristo" (Romanos 5:1). Este versículo no se refiere a un sentimiento como "la paz *de* Dios", sino que habla de paz como algo opuesto a la guerra. El libro de Romanos comienza con una discusión acerca de la ira de Dios contra el género humano a causa del pecado (Romanos 1:18). Ahora, habiendo explicado las buenas nuevas, Pablo declara que tenemos paz para con Dios —no hay más hostilidad o división—. Hemos sido reconciliados con El de una vez y para siempre.

Estamos protegidos contra la ira de Dios: "Pues mucho más, estando ya justificados en su sangre, por él seremos salvos de la ira" (Romanos 5:9). ¿Cómo podemos estar seguros de que Dios no va a tratar con nosotros con ira a causa de nuestros pecados? Porque Cristo llevó toda la ira de Dios sobre sí mismo en la cruz del Calvario. Nosotros estamos ahora en El, escondidos en su justicia.

Siempre me ha parecido extraño que en muchos grupos cristianos las buenas nuevas de Jesucristo parecen estar reservadas para el hombre perdido, mientras que los cristianos viven con culpa, inseguridad, y temor de la ira divina. Usted podría ser un asesino que mata con un hacha o un asesino a sueldo para la Mafia y el mensaje sería: "Dios le ama y Jesucristo murió por sus pecados. Todo lo que necesita hacer es recibir a Jesucristo por la fe y será salvo". Exacto —cualquier hombre que viene a Jesucristo será salvo no importa cual sea su pasado—. Sin embargo, los creyentes reciben un mensaje como el siguiente: "Manchado y carnal pecador, debes arreglar tu vida o el castigo de Dios caerá sobre ti". Primero usted recibe las noticias buenas, después de ser cristiano recibe las malas.

Romanos 5:6-10 responde a esa clase de error. Una parafrasis sería: "Si Dios demostró la grandeza de su amor hacia vosotros, en que —aun cuando erais pecadores impíos sin esperanza, y enemigos de Dios— Cristo murió por vosotros, *cuánto más* ahora —que sois miembros de la familia— estaréis exentos del temor de su juicio.

Hemos sido librados de toda condenación (juicio, castigo): "Ahora, pues, ninguna condenación hay para los que están en Cristo Jesús" (Romanos 8:1). Este versículo es tan claro como el cristal. Un cristiano (uno que está en Crisrto Jesús) nunca enfrentará condenación eterna a causa de sus pecados. ¿Cómo podemos estar seguros? Repito, porque Cristo llevó nuestro juicio sobre sí mismo sin dejarnos nada del mismo, y nosotros ahora estamos en El, habiendo recibido su justicia.

Hemos sido hechos perfectos para siempre: "Porque por una sola ofrenda hizo perfectos para siempre a los santificados" (Hebreos 10:14). A menudo ayudo a las personas a examinar este versículo frase por frase para que reciban todo el impacto que tiene. Recientemente en nuestro programa radial tuve una conversación con Karen, una joven que había vivido con sentimientos de culpa. Después de leer Hebreos 10:14, le hice un pequeño examen.

"Karen, ¿qué dice este versículo acerca de ti?"

"Que he sido hecha perfecta"

"¿Por cuanto tiempo?"

"Para siempre"

"¿Cómo fuiste hecha perfecta? ¿Porque actúas de una manera perfecta?"

"No", ella se detuvo por un momento. "Dice: 'Por una sola ofrenda'. Es por lo que Jesús hizo por nosotros".

"Entonces, Karen, si esto es verdad (y la Biblia así lo dice) ¿Cómo te hace sentir?"

"Feliz... libre. Me anima a llegar a conocer a Dios mejor. Me hace desear amarle más".

Muchas personas se preguntan por qué encuentran tan difícil amar a Dios, aunque creen que deben amarle. La respuesta está en 1 Juan 4:10,18-19.

En esto consiste el amor: *no en que nosotros hayamos amado a Dios, sino en que él nos amó a nosotros,* y envió a su Hijo en propiciación por nuestros pecados.... En el amor no hay temor, sino que el perfecto amor echa fuera el temor; porque el temor lleva en sí castigo. De donde el que teme, no ha sido perfeccionado en el amor. *Nosotros le amamos a él, porque él nos amó primero.*

Una amiga mía muy querida, Bonnie, había llegado a pensar en el suicidio debido a la depresión. Ella se había esforzado hasta el punto del agotamiento tratando de ser "suficientemente buena", para tener la aceptación de Dios. Entonces escuchó cómo Dios la aceptaba en Cristo y de su nueva identidad en El. Ella me dijo: "Yo traté por todos los medios de amar a Dios. Me enseñaron que *tenía* que amar a Dios, y yo pensaba que *debía* amarle. Pero me di cuenta de que no podía. No estaba en mí. Finalmente, descubrí cómo *Dios me ama a mí*, y la batalla por amarle terminó. De allí en adelante, amar a Dios llegó a ser la cosa más natural en el mundo.

Nosotros debemos *recibir* el amor de Dios y *descansar* en su total aceptación antes de poder corresponder al mismo. Cuanto más experimentemos del amor de Dios y aprendamos del mismo diariamente, más reaccionaremos en amor hacia El, y hacia otras personas.

El Nuevo Testamento es tan claro y directo en su proclamación de nuestra identidad en Cristo, que puede hasta asombrarnos. Por algo es tan difícil de creer. Muchas personas hallan necesario diluir y resistir el mensaje al expresar: "Lo que la Biblia quiere decir *realmente* es..." Pero no lo diluya. *La Biblia quiere decir lo que exactamente dice.* Nosotros *hemos sido* hechos perfectos. ¿En nuestro propios ojos? No. ¿De acuerdo a nuestra conducta? No. Hemos sido hechos perfectos y aceptables *ante Dios*.

Yo creo que tenemos dificultad con esto simplemente porque persistimos en vivir por vista en vez de por fe. ¿Qué es fe? La Biblia nos lo dice: "Es pues, la fe la certeza de lo que se espera, la convicción de lo que *no se ve*" (Hebreos 11:1). Si viésemos estas cosas, entonces no necesitaríamos fe en absoluto. La fe es escuchar una promesa de Dios y actuar basados en ella, a pesar de lo que vemos.

Hemos sido hechos completos: "Porque en él habita corporalmente toda la plenitud de la Deidad, y vosotros estáis completos en él" (Colosenses 2:9-10a) ¿Necesita usted añadir a lo que está completo? No. No puede hacerse "más completo".

En la región del estado de Indiana en la que me crié, abundaban los manzanos. Los muchachos solíamos tomar las manzanas cuando estaban tiernas —pequeñas y duras como piedras— y tener guerritas con ellas. Cuando yo le pegaba en la cabeza a alguno de los niños, sentía que había logrado algo. ¿Eran esas manzanas perfectas en su naturaleza? Sí, absolutamente. Todo lo que necesitaban, ya estaba en ellas. ¿Estaban *maduras*? No.

Nosotros los cristianos hemos sido hechos completos en Cristo. Ya somos perdonados, redimidos, vivificados espiritualmente, y permanecemos firmes en la justificación de Cristo, totalmente aceptados. ¿Estamos ya perfectamente maduros? No. Eso no sucederá hasta el día de la resurrección, cuando recibamos nuestros nuevos cuerpos para acompañar a nuestros espíritus resucitados que ya poseemos.

Dios tiene mucho que construir y entrenar en nuestras vidas. Nosotros debiéramos vernos mutuamente con un cartel invisible en el pecho que diga: "En construcción". Esto nos haría más tolerantes y perdonadores los unos hacia los otros. Mientras tanto, podemos estar seguros de que Dios "que comenzó en vosotros la buena obra, la perfeccionará hasta el día de Jesucristo" (Filipenses 1:6). A pesar de que algunas veces estemos conscientes del difícil proceso de crecimiento, El nos mira como si ya hubiéramos llegado. Como le dije a un radioescucha: "Dios nunca le amará o aceptará a usted una onza más o una onza menos de lo que le acepta en este mismo momento". Esa es una verdad importante sobre la cual debemos construir nuestras vidas.

Hemos sido hechos ciudadanos del cielo: "Mas nuestra ciudadanía está en los cielos, de donde también esperamos al Salvador, al Señor Jesucristo" (Filipenses 3:20). La historia de mi esposa ilustra esta verdad. Amy nació en Rusia y vivió en Alemania después de la guerra. Cuando yo estaba en el ejército, me casé con ella y la traje a los Estados Unidos. Ahora, como ciudadana norteamericana, ella no tiene ninguna relación con la doctrina comunista que escuchó cuando era niña. Tiene una ciudadanía completa en un país diferente. Tiene una nueva identidad.

Digamos, no obstante, que los agentes rusos la persigan constantemente y le digan: "Tú eres rusa. Tienes que hacer lo que nosotros te digamos. No puedes cambiar lo que eres. Tú trabajas para nosotros". No hay razón para que se pierda tiempo argumentando con ellos. Amy puede descansar en la verdad. "Váyanse, yo no tengo ninguna clase de relación con ustedes, mi identidad ya no es de Rusia, ahora soy ciudadana norteamericana. Ahora tengo los privilegios, derechos y leyes de los Estados Unidos de América. Váyanse, o llamaré a la policía".

Así es como debemos tratar con las mentiras del diablo. Todos hemos tenido la experiencia de desear ser todo lo que Dios quiere que seamos, y fracasar en el intento. Ya conocemos esa voz que susurra al oído: "Nunca lo lograrás, eres un cristiano miserable. Dios te ha olvidado. Eres inaceptable". No pierda tiempo y esfuerzo discutiendo con él. Sólo rechace la mentira y descanse en la verdad que Dios dice acerca de usted. "Yo soy hijo de Dios, si no te gusta algo acerca de mí, Satanás, llévalo a Jesús. El es mi Señor. Yo no tengo ninguna relación contigo".

Amy puede decir: "Yo ya he muerto a Rusia, y ahora vivo para los Estados Unidos. De la misma manera, nosotros podemos decir: "Estoy muerto al pecado y a la paga del mismo, y vivo para Dios". Romanos 6:3-4 lo expresa así:

¿O no sabéis que todos los que hemos sido bautizados en Cristo Jesús, hemos sido bautizados en su muerte? Porque somos sepultados juntamente con él para muerte por el bautismo, a fin de que como Cristo resucitó de los muertos por la gloria del Padre, así también nosotros andemos en vida nueva.

Debido a que hemos experimentado un gran intercambio divino, podemos entonces considerar el pasado como muerto, y concentrarnos en andar en la nueva vida que hemos recibido.

Pablo escribió: "No me avergüenzo del evangelio, porque es poder de Dios para salvación a todo aquel que cree" (Romanos 1:16). Este es un mensaje de amor, de aceptación, de vida. No sólo para que podamos ir al cielo al morir. Es *vida*, y *poder* para vivir aquí ahora:

> Con Cristo estoy juntamente crucificado, y ya no vivo yo, *mas vive Cristo en mí*; y lo que ahora vivo en la carne, lo vivo en la *fe* del Hijo de Dios, el cual me amó y se entregó a sí mismo por mí (Gálatas 2:20).

Hay muchas personas que encuentran este mensaje ofensivo, y se enojan. Hay otro grupo que dice: "Sí, sí. Sé que lo que usted dice es verdad. Pero uno no puede quedarse solamente con estas cosas; tiene que proseguir a la verdad práctica". ¡Escuche! No hay *nada* más práctico que el mensaje de amor y gracia, y la identidad del creyente en Cristo. La gente siempre está buscando el poder de Dios, y éste consiste en lo que acabo de mencionar.

A manera de prueba, tomemos una situación realmente difícil. ¿Cómo aconsejaría usted a alguien que practica la homosexualidad? ¿Tiene Jesucristo alguna respuesta para él? Todos sabemos que la homosexualidad es algo incorrecto. El mundo la denomina "enfermedad", "estilo de vida alternativa", "preferencia sexual". Pero nadie que acepte la Biblia como Palabra de Dios puede llamarla otra cosa que pecado. Pero simplemente aceptarla como pecado, probar que es mala, no resuelve nada. ¿Qué respuesta podríamos darle al hombre que se halla en esta clase de esclavitud? Yo sólo sé de una: él necesita no sólo un cambio de *conducta*, sino también una nueva *identidad*.

Lee se hundió en una silla en mi oficina mientras me relataba su historia. "He sido homosexual durante muchos años", dijo. Habló en voz baja. Estaba visiblemente deprimido y cansado. "Entonces hace sólo unos meses unos amigos me hablaron de Cristo. Comencé a asistir a la iglesia, y creí que ya todo había cambiado. Pero ahora hay un muchacho en la iglesia por el cual me siento atraído, y no puedo sacármelo de la mente". Su voz se quebró con emoción al hablar del dolor de su corazón, y de cómo a pesar de todos sus esfuerzos por cambiar se encontraba regresando a los mismos viejos hábitos.

"Recapacitemos por un momento", dije, "y déjame exponer lo que es la salvación". Le expliqué qué es el evangelio: la muerte del Señor Jesucristo y cómo trató con el pecado, su resurrección por medio de la cual ahora puede darnos de su vida. Le mostré que la salvación no es nuestro esfuerzo para cambiar nuestra conducta; sino, más bien, que Dios nos hace una nueva creación. Mi primera meta era descubrir si Lee realmente era cristiano.

Basado en sus respuestas, él había nacido de nuevo. En realidad había recibido a Cristo, de modo que nuestro trabajo tenía que realizarse en otras áreas. ¿Qué hace usted si es cristiano y está luchando con tentaciones y deseos que obviamente son pecaminosos? En el caso de Lee, como en la mayoría de las situaciones en la consejería, había temas que necesitaban ser clarificados.

"Lee", le dije, "cuando tú recibiste a Cristo, ¿qué parte tuya nació de nuevo?"

"Yo creo que mi espíritu".

"Exacto. Cuando somos salvos, nuestros *cuerpos* no nacen de nuevo. Yo poseo el mismo de antes y, en efecto, está degenerándose más y más. Tampoco nuestras *almas* (mente, emociones, y voluntad) nacen de nuevo. En otras palabras, es posible que aún tú y yo pensemos las mismas ideas tontas, tengamos los mismos deseos carnales, y hagamos las cosas pecaminosas que hacíamos antes de ser cristianos. Por eso la Biblia dice: 'No os conforméis a este siglo, sino transformaos por medio de la *renovación de vuestro entendimiento*' (Romanos 12:2). Antes vivíamos en completa oscuridad, bajo las mentiras de Satanás, pero ahora podemos ser liberados por medio de la verdad. El Espíritu de Dios vive en ti y desea renovar tu mente. Además, Jesús prometió que la verdad nos haría libres. Pero la renovación de nuestra mente es un *proceso* de toda la vida".

Hablé con Lee de otras verdades en muchas áreas, empezando por el asunto de la identidad. ¿Quién dijo ser Lee al principio de nuestra conversación? Un homosexual. ¿Pero es eso verdad? ¿Es eso lo que *Dios* dice acerca de él? Por favor, leamos 1 Corintios 6:9-10:

> ¿No sabéis que los injustos no heredarán el reino de Dios? No erréis; ni los fornicarios, ni los idólatras, ni los adúlteros, ni los afeminados, ni los que se echan con varones, ni los ladrones, ni los avaros, ni los borrachos, ni los maldicientes, ni los estafadores, heredarán el reino de Dios.

¡Caramba! ¡Qué difícil! ¿Por qué comenzar en este pasaje? Porque estamos comprometidos con la verdad. Y de acuerdo con la Palabra de Dios, tengo que llamar la homosexualidad como la Biblia la llama: pecado. Pero antes que cualquiera comience a asumir una actitud farisaica, he de señalar que en esa misma lista hay cosas como "avaros", y "maldicientes". ¿Cuántos de nosotros podríamos decir que estamos libres de toda avaricia? ¿Cuántos podemos decir que nunca chismeamos? Si no fuese por la gracia de Dios en Jesucristo, esos pecados —al igual que la homosexualidad— serían suficientes para condenarnos.

A menudo, nos detenemos, al leer la Biblia, en el lugar equivocado. Lee en realidad no necesitaba convencimiento —él conocía sus pecados—. Lo que el necesitaba eran las buenas nuevas que le libertarían, las cuales aparecen en el próximo versículo: "Y esto *erais* algunos" (1 Corintios 6:11).

"¿Ves esa verdad Lee?", le pregunté. "Tú llegaste acá y me dijiste que eres homosexual. Pero la Biblia dice que eso *eras* antes. Esa ¡no es tu identidad ahora! Permíteme terminar de leer el versículo: 'mas *ya habéis sido lavados, ya habéis sido santificados, ya habéis sido justificados* en el nombre del

Señor Jesús, y por el Espíritu de nuestro Dios'" (1 Corintios 6:11). Seguí explicando. "Cuando Dios te ve, El no te mira con una identidad de 'homosexual'. Tú eres hijo de Dios, Lee. Eso es lo que eres". Luego estudiamos muchos otros pasajes que hablan de la identidad del creyente en Cristo.

Después de mucho tiempo de estudio y discusión, Lee respondió de esta manera: "Bob, si estas cosas describen lo que soy, entonces esa actividad pasada no tiene sentido". Ese es precisamente el punto. Si la identidad de una persona es "homosexual", lo más lógico y natural que puede esperarse de ella es actividad homosexual. Pero si su identidad es "hijo de Dios" —santo, amado, justo ante los ojos de Dios—, entonces esa conducta no tiene sentido, porque es totalmente inconsecuente con lo que es. Lee entendió esa verdad, y eso fue el comienzo del cambio en su vida.

Por supuesto había más. En el resto de 1 Corintios 6 se expone la conducta razonable y lógica que debe resultar de la verdad de quién uno es según el versículo 11:

¿No sabéis que vuestros cuerpos son miembros de Cristo? ¿Quitaré, pues, los miembros de Cristo y los haré miembros de una ramera? De ningún modo. ¿O no sabéis que el que se une con una ramera, es un cuerpo con ella? Porque dice: Los dos serán una sola carne. Pero el que se une al Señor, un espíritu es con él. Huid la fornicación. Cualquier otro pecado que el hombre cometa, está fuera del cuerpo; mas el que fornica, contra su propio cuerpo peca. ¿O ignoráis que vuestro cuerpo es templo del Espíritu Santo, el cual está en vosotros, el cual tenéis de Dios, y que no sois vuestros? Porque habéis sido comprados por precio; glorificad, pues, a Dios en vuestro cuerpo y en vuestro espíritu, los cuales son de Dios (1 Corintios 6:15-20).

La repetición de la frase "no sabéis" martilla la verdad de que si usted sabe quién es ahora *en Cristo,* entonces no tiene sentido hacer otra cosa que ofrecerse a Dios para que El le use.

Comenzando con este fundamento, procedimos a trabajar

duro para identificar otros principios de verdad y error que pudieran ayudar a Lee a escapar de la tentación. "El primer pecado de Adán y Eva fue su decisión de negar a Dios como la única fuente de verdad, y determinar por sí mismos lo que era bueno o malo. De modo que acusaron a Dios de mentiroso y tomaron su propio camino. Cada uno de nosotros que nace en este mundo desde entonces tiene la misma tendencia. Cada tentación nos llega envuelta en una mentira, como 'Esto es algo natural', o 'Te hará feliz', o 'Bien te lo mereces'. Dios dice: 'No os ha sobrevenido ninguna tentación que no sea humana; pero *fiel es Dios,* que no os dejará ser tentados más de lo que podéis resistir, sino que dará también juntamente con la tentación la salida, para que podáis sorportar' (1 Corintios 10:13). Para rechazar la tentación, por lo tanto, nosotros tenemos que identificar la verdad en esa área y escoger la verdad mediante la dependencia de Cristo.

"Por ejemplo", seguí diciendo, "Dios te hizo hombre. El también creó a las mujeres y nos diseñó para ser atraídos por el sexo opuesto. Cada pecado es una perversión de la verdad, y eso incluye la tentación específica que estás experimentando. Pero todos nosotros podemos ser tentados en cualquier cosa que sea contraria al testimonio claro de Dios. El hombre funciona de esa manera toda su vida. Tú te desvías de una manera; otros se desvían en otras direcciones. Cuando escogemos la mentira, todos estamos diciendo lo mismo que Adán: 'Dios tú no sabes de qué estás hablando. Esta otra cosa es más divertida que la que que tú dices'. Usualmente descubrimos después cuán trágicas pueden ser nuestras decisiones. Hay placer por un rato, pero a la vez hay algo en nuestras almas que comienza a corroer. Entonces empezamos a pagar un alto precio en culpa, temor, depresión y odio a nosotros mismos.

"Pero ahora, habiendo recibido la nueva vida en Cristo, podemos adherirnos a El para experimentar sentido y propósito genuinos. Podemos andar diariamente en su amor y su aceptación incondicionales. Podemos aprender la satisfacción de servir a otras personas y de ver a Cristo usarnos en provecho de sus vidas.

"Si tomas una determinación por fe en Cristo, Lee, y sometes tus experiencias diarias a El para que evalúe la verdad y el error —y te atienes a ello—, descubrirás que esos deseos comienzan a morir. Ahora bien, hay que darse cuenta de que siempre habrá la posibilidad de la tentación. Mientras vivas en este cuerpo, siempre tendrás batallas con los deseos de la carne, de modo que tendrás que hacer decisiones sabias para evitar tentaciones innecesarias. Con el paso del tiempo, Dios irá renovando tu mente con su verdad, lo cual traerá emociones y deseos más consecuentes con quien eres en realidad —una nueva criatura en Cristo—. Tu decisión diaria, entonces, será el aplicar Gálatas 5:16: 'Digo, pues: Andad en el Espíritu, y no satisfagáis los deseos de la carne'".

Yo he visto a Lee y muchos otros como él ser liberados de terribles esclavitudes mediante este mensaje. La única solución es un intercambio total. Primero, Lee tuvo que intercambiar una identidad basada en su conducta, por una identidad basada en la verdad de Dios. Lee tuvo que reconocer que al nacer de nuevo le había dado todo lo que él era a Jesús, y a cambio había recibido todo lo que Jesucristo es. Como dice 1 Pedro 2:24: "Quien llevó él mismo nuestros pecados en su cuerpo sobre el madero, para que nosotros, estando muertos a los pecados, vivamos a la justicia; y por cuya herida fuisteis sanados". Lee necesitaba no sólo aprender a decir "no" al pecado sino también decir "sí" al Señor Jesucristo, que habita en él; no sólo considerarse "muerto al pecado", sino también "*vivo para Dios* en Cristo Jesús, Señor nuestro" (Romanos 6:11).

Para cualquier cosa con la cual usted o yo estemos batallando, la respuesta es la misma. Es solamente mediante un *intercambio* total que veremos el principio de los *cambios* que deseamos.

9

El ministerio de condenación

"Vayamos ahora a Louisville, Kentucky", dije al colocar en el aire una de las voces en nuestro estudio radial. "Margarita, usted está en el programa 'People to People' [De Persona a Persona]".

"Yo sólo quisiera saber si es posible para un cristiano cometer suicidio y todavía ir al cielo".

Si es de temer que lo pongan a uno en ese aprieto en cualquier lugar, piense cuánto más cuando en todo el país le están escuchando en la radio. A juzgar por el tono de su voz, no cabía duda de lo que ella quiso decir. Margarita no hizo la pregunta por mera curiosidad. Ella estaba considerando quitarse la vida. Los cristianos no son inmunes a semejantes ideas y deseos. A propósito, su desespero puede ser más profundo debido a que se supone que han encontrado la respuesta a los problemas de la vida. Cuando usted llega a conocer a Dios y aún no puede arreglar su vida, ¿a quién más ha de recurrir?

¿Puede Dios fracasar? No. La respuesta al problema es la misma que ya hemos discutido desde distintos ángulos: la verdad libera, el error esclaviza. Mi tarea con Margarita era descubrir y corregir los errores que había en su mente, los cuales estaban causando tal dolor.

En este caso, esa noche pude ayudar a que Margarita comenzara a experimentar la solución de sus problemas. Pero tomó tiempo: escuchar casetes, hacer estudios bíblicos, y

117

recibir la ayuda personal de nuestros consejeros en Louisville. ¿Pero cómo es posible que un cristiano pueda llegar a tales profunidades emocionales?

Margarita había sido cristiana durante casi seis años. En los primeros días, había experimentado un gozo continuo en el Señor. Se sumergió en la adoración en la iglesia, asistió a muchos seminarios y, en sus propias palabras, asistía a la iglesia "cada vez que las puertas estaban abiertas". Había un gran énfasis en victoria en su iglesia, con una actitud que Margarita describió como: "Tú y Jesús pueden derrotar cualquier cosa".

"El único problema era que no funcionaba en mi caso. Después de los servicios salía muy fortalecida, pero el próximo día de nuevo los problemas me atormentaban. Mi vida parecía un sube y baja constante: emocionada en la iglesia, pero desecha en la casa y en el trabajo.

"Todos los predicadores enseñaban que si uno tenía un problema que no podía vencer, era porque no estaba haciendo las cosas correctamente. Sus implicaciones eran: 'Si usted estudia la Biblia suficientemente, si usted ora y ayuna lo suficiente, si ofrenda suficientemente, entonces Dios le librará de todos sus problemas'. Pero yo estaba *dando*, *estudiando*, *orando*, *ayunando* y *buscando* a Dios. Y aun así tenía problemas financieros. Todavía era madre soltera que criaba a un adolescente. Aún me sentía sola. Todavía luchaba con mi peso. Estaba enojada. ¿Qué era lo que estaba haciendo mal? Me habían enseñado que si hacía todas las cosas correctamente, entonces Dios me libraría de todos mis problemas. Pero El no lo hizo. La única cosa que podía dar por sentado era que El me rechazaba, que rehusaba ayudarme por alguna razón.

"Cuando les hablaba a mis maestros acerca de mis batallas, ellos siempre me hacían responsable de las mismas. Me respondían que tal vez estaba dando lugar a Satanás en mi corazón. De nuevo confesaba mi ira y mis hábitos de comer en abundancia, y prometía a Dios que trataría de orar y ayunar y buscarle más".

Su patrón cíclico de trabajo, fracaso y depresión se ahondaron a tal extremo que ella dijo: "Estaba lista para colocar una pistola a mi cabeza. Me levantaba para ir al trabajo, y en el camino comenzaba a llorar incontrolablemente. Regresaba a la casa, bajaba las cortinas, me tiraba en el sofá, y allí pasaba el resto del día. Como tenía temor de quitarme la vida, oraba cada noche a Dios que no despertara a la mañana siguiente. Ya que pensaba que Dios me odiaba tanto, yo no veía razón alguna para que El no contestara a lo menos esa oración".

Mientras que Margarita llegó a un nivel de depresión y desespero más profundo que al que llegan la mayoría de las personas, la raíz de su esclavitud es actualmente muy común. Es algo que yo mismo he experimentado, y he descubierto que muchos cristianos hasta cierto punto están enredados en el mismo error. En efecto, este mismo error ha plagado al mundo cristiano durante más de 2.000 años. Fue, precisamente, este el asunto clave de la primera controversia que la iglesia primitiva tuvo que enfrentar. La cuestión es la ley y la gracia.

Me he dado cuenta de que pocos cristianos están familiarizados con este asunto. Aquellos que han escuchado de la gracia y de la ley, tienden a colocarla en la categoría de tema teológico seco. Nada podría estar más lejos de la verdad. Ley y gracia es algo que vivimos cada día, sepámoslo o no. El asunto de la ley y la gracia tiene que ver con cómo vemos nuestras vidas cristianas, y sus efectos son de mucho alcance y profundos. Lo que usted puede observar en la historia de Margarita es el resultado de una persona que trata de vivir conforme a la ley. Ella es libre hoy porque aprendió lo que significa vivir conforme a la gracia.

Clarifiquemos el asunto. En su manera más simple, la cuestión de la ley y de la gracia tiene que ver con esto: *ley y gracia se relacionan con la aceptación por Dios.* En otras palabras, ¿sobre qué bases es un hombre hecho aceptable ante Dios? Solamente hay tres respuestas. El hombre es hecho aceptable ante Dios (o se hace a sí mismo aceptable) por la ley, por la gracia, o por un tercer híbrido llamado galacianismo. Examinemos cada uno.

1. *Ley.* El hombre es responsable de *hacerse aceptable* ante Dios por sus obras. Uno es aceptado por Dios por lo que hace o no hace. Usted fácilmente identifica la ley por la presencia de una pequeña palabra de dos letras: "si". "*Si* usted hace esto, entonces Dios le aceptará". Evidentemente lo opuesto también debe de ser cierto: "Si usted no lo hace, entonces Dios no le aceptará". La relación especial de Dios con la nación de Israel, llamado el antiguo pacto o la ley, comenzó con esta condición:

> Ahora, pues, *si diereis oído a mi voz, y guardareis mi pacto,* vosotros seréis mi especial tesoro sobre todos los pueblos; porque mía es toda la tierra. Y vosotros me seréis un reino de sacerdotes, y gente santa. Estas son las palabras que dirás a los hijos de Israel (Exodo 19:5-6).

2. *Gracia.* Dios le da al hombre total aceptación como un *regalo* por medio de Jesucristo. Las obras del hombre no contribuyen en manera alguna a su aceptación delante de Dios. Una vez se le preguntó a Jesús: "¿Qué debemos hacer para poner en práctica las obras de Dios?". Jesús contestó: "Esta es la obra de Dios, que creáis en el que él ha enviado" (Juan 6:28-29). *Por fe y la fe sola, un hombre recibe el regalo de la justicia en Cristo:* "Mas por él estáis vosotros en Cristo Jesús, el cual *nos ha sido hecho* por Dios *sabiduría, justificación, santificación* y *redención"* (1 Corintios 1:30).

Efesios 2:8-9 es una declaración tan directa como pueda hallarse en la Biblia: "Porque por gracia sois salvos por medio de la fe; y esto no de vosotros, pues es don de Dios; no por obras, para que nadie se gloríe".

3. *Galacianismo.* El intento de mezclar la ley y la gracia. El galacianismo se expresa de muchas maneras, pero tarde o temprano termina en una contradicción sin sentido: "La gracia de Dios ha hecho posible que el hombre *obre para* su aceptación y perdón", o bien: "Dios nos ama incondicionalmente *si*

guardamos todas las reglas". La ley es la esfera de lo que usted *gana* por su conducta. La gracia es la esfera en la cual se recibe un *regalo*. ¿Cómo pueden mezclarse las dos?

Imagínese que se le acerque un amigo un día y le diga: "Voy a regalarte un automóvil completamente gratis por sólo $1000.00".

"Un momento", diría usted, "¿Dijo que me iba a regalar un auto, o que me lo va a vender en $1000.00?"

"Exacto", dice él. "Se lo regalo por sólo $1000.00".

Eso es un disparate. La palabra "gratis" por definición significa sin ninguna clase de pago. Usted no puede trabajar para recibir un regalo, porque si lo hace, deja de ser regalo. Aun el pago de $1.00 lo quita de la esfera de un regalo. Un regalo no es regalo a menos que sea gratuito.

Un día, Katie, la hijita de siete años de Tim Stevenson, estaba ofreciendo a los niños de su vecindario un paseo gratis en su carrito por 25 centavos. "Pero Katie", le dijo la mamá, "tú no puedes decirles a tus amigos que es gratis si les cobras algo". Katie contestó: "Pero si no les digo que es gratis, nadie querrá un paseo". Me sonrío al escuchar las tácticas de venta de Katie, pero tristemente me hace recordar cómo a menudo se presenta el Evangelio. Las personas son atraídas a Cristo por el mensaje de su amor total, su aceptación, y la salvación por gracia; entonces una vez que ellos están en la familia de Dios, se ven derrotados por exigencias de conformidad y conducta. Pero la Biblia dice que las obras y la gracia se excluyen mutuamente: "Y si por gracia, ya no es por obras; de otra manera la gracia ya no es gracia. Y si por obras, ya no es gracia; de otra manera la obra ya no es obra" (Romanos 11:6).

El problema no es nuevo. El apóstol Pablo luchó con esto durante todo su ministerio. Cada vez que iba a una nueva región a compartir las buenas nuevas de Jesucristo, miles eran salvos. Entonces después de su partida otros maestros llegaban para "ayudar" a los nuevos creyentes y "corregían" su entendimiento.

"Es bueno creer en Jesús, pero eso no es suficiente, si usted desea ser aceptable delante de Dios, debe circuncidarse conforme a la ley de Moisés. Tienen que guardar el sábado y otras fiestas, y seguir las dietas de la ley". Estos maestros judaizantes, también atacaban las credenciales del apóstol Pablo, poniendo en duda que fuera verdadero apóstol. Fue precisamente una situación semejante lo que le motivó a escribir la carta a los Gálatas. Su respuesta fue tan sutil como un cuchillo de carnicero (!):

> ¡Oh gálatas insensatos! ¿quién os fascinó para no obedecer a la verdad, a vosotros ante cuyos ojos Jesucristo fue ya presentado claramente entre vosotros como crucificado? Esto solo quiero saber de vosotros: Recibisteis el Espíritu por las obras de la ley, o por el oír con fe? ¿Tan necios sois? ¿Habiendo comenzado por el Espíritu, ahora vais a acabar por la carne? (Gálatas 3:1-3)

El error de los Gálatas ha sido la espina en la carne de la iglesia desde el principio. En muchos lugares y tiempos ha sido algo directo. "Usted no es salvo sólo por la fe, sino por la fe más las buenas obras". En realidad, el error es fácil de tratar si usted conoce la Biblia. El más dificil, es el que llevó a Margarita a la desilusión. Este error es cometido por grupos que enseñan que una persona es salva por la gracia de Dios, por medio de la fe y que no se puede hacer nada para contribuir a su salvación. En esta declaración hay verdad. El único problema es que el uso que ellos hacen de la palabra salvación se limita al paso *inicial* de recibir a Cristo, y a ir al cielo después de la muerte. Sin embargo, para lo que es ahora, enseñan que Dios le acepta sobre la base de su conducta con ciertas reglas. Como dice un amigo mío, cuando usted es bueno, recibe galletitas, cuando es malo, recibe garrote. Es este retorno a la ley lo que Pablo tiene en mente con su pregunta: "¿Habiendo comenzado por el Espíritu, ahora vais a acabar por la carne?" (Gálatas 3:3).

Margarita me dijo: "Ellos me enseñaron claramente que uno es salvo sólo por la fe en Cristo Jesús. Pero nunca me enseñaron que, como cristiano, la fe es como uno *vive*. El énfasis era siempre en lo que debía estar haciendo para Dios, y nunca en lo que Dios ya había hecho y ha prometido hacer por mí".

Esta parece ser la experiencia de la mayoría de los cristianos hoy. Como vimos en el capítulo anterior, el amor no tiene sentido sin la aceptación. Como consecuencia de mezclar la ley y la gracia, multitudes de cristianos están absolutamente seguros de que van al cielo al morir, pero viven en diario temor, frustración y culpa. En la creencia de que Dios se halla lejos por no aprobar la conducta de ellos, nunca pueden descubrir que Cristo vive en ellos y a través de ellos.

La razón por la cual las personas persisten en tratar de traer la ley a la vida cristiana, es que nunca han entendido el propósito y significado real de la ley. Mientras que había algunos propósitos generales en la ley dada a Moisés, como proveer ciertas leyes civiles sin las cuales ninguna sociedad puede funcionar, su propósito principal es dirigir al hombre a la salvación.

Primero, *la ley define el pecado* Romanos 4:15 dice: "Donde no hay ley, tampoco hay transgresión". En otras palabras, usted no puede quebrantar una ley que no existe. La policía no puede detenerle y ponerle una multa por ir a velocidad excesiva si el estado no tiene leyes específicas en cuanto al límite de la velocidad. Por eso Romanos 5:13 dice: "Pues antes de la ley, no había pecado en el mundo; pero donde no hay ley, no se inculpa de pecado".

Segundo, *la ley convence al hombre de su culpa y la necesidad de salvación*. La pregunta es: ¿Quién vendrá al Salvador? La respuesta: Solamente aquel que reconoce su necesidad de ser salvo. El propósito principal por el cual Dios dio la ley, fue convencer a los hombres de su condición perdida, para que estuvieran dispuestos a aceptar a Jesucristo como su Salvador.

Pero sabemos que todo lo que la ley dice, lo dice a los que están bajo la ley, para que toda boca se cierre y todo el mundo quede bajo el juicio de Dios; ya que por las obras de la ley ningún ser humano será justificado delante de él; porque por medio de la ley es el conocimiento del pecado (Romanos 3:19-20).

Para muchos es sorprendente descubrir que el propósito de la ley nunca fue hacer a un hombre recto delante de Dios. Todo lo que la ley puede hacer es declarar una norma y condenar a una persona por su fracaso. La ley es, pues, como un espejo, el cual le puede mostrar a uno que tiene la cara sucia, pero no se la puede lavar.

La ley es como los exámenes finales que nos hacían en la escuela. En aquel entonces creía que era bueno tener esa clase de exámenes: si obtenía una calificación superior a setenta por ciento, aprobaba la asignatura. Pero en cuanto a la ley de Dios, la única calificación aceptable es cien por cien. Es cuestión de aprobar o quedar eliminado. Usted tiene que ser perfecto, o ha fracasado y está condenado al juicio.

Nos gusta compararnos con otras personas. Hay otros que son mejores, pero usted siempre se encontrará a alguien que es peor. Pero Dios no nos compara los unos con los otros. Si se nos mide de acuerdo a nuestro desempeño, sólo hay una medida: *la perfección:* "Porque cualquiera que guarde toda la ley, pero ofendiere en *un punto,* se hace culpable de todos" (Santiago 2:10). Eso, amigo mío, significa durante toda su vida.

En Gálatas 3:10, Pablo lo expresa así: "Todos los que dependen de las obras de la ley están bajo maldición, pues escrito está: Maldito todo aquel que no permaneciere en todas las cosas escritas en el libro de la ley, para hacerlas". ¡El resultado de la ley es maldición! ¿Por qué? ¿Porque haya algo malo en la ley? No. El problema está en nosotros. La norma de la ley para ser aceptados es la perfección total: "*todas las cosas* escritas en el libro de la ley". Una sola cosa que deje uno de cumplir le pone bajo la maldición.

Lo sorprendente es que Pablo se refiere aquí precisamente a la ley escrita. Jesucristo en su ministerio de enseñanza, fue más allá de la ley escrita, al espíritu real y al verdadero significado que había detrás de ella. El habló a una generación que pensaba que estaban bien por el simple hecho de ser judíos. Ellos creían que eran justos porque literalmente no habían matado a nadie. Para sacudirles de esa autocomplacencia, Jesús magnificó el principio implicado en las demandas de la ley:

Oísteis que fue dicho a los antiguos: No matarás; y cualquiera que matare será culpable de juicio. Pero yo os digo que cualquiera que se enoje contra su hermano, será culpable de juicio (Mateo 5:21-22).

Hizo lo mismo con el asunto del adulterio:

Oísteis que fue dicho: No cometerás adulterio. Pero yo os digo que cualquiera que mira a una mujer para codiciarla, ya adulteró con ella en su corazón (Mateo 5:27-28).

El prosigue con la discusión de otras muchas cuestiones, siempre yendo más allá de la ley escrita a la intención que había detrás de ella. Y resumió las demandas de la ley con la declaración: "Sed, pues, vosotros perfectos, como vuestro Padre que está en los cielos es perfecto (Mateo 5:48). Cristo estaba tratando de enfatizar el mensaje de que si usted desea ser aceptado por Dios basado en sus méritos, la norma es la perfección, tanto en lo interno como en lo externo. No es de asombrarse que cuando El terminó estas palabras la gente quedara admirada de su doctrina.

En 2 Corintios 3:6 se nos dice que la ley (aquí llamada "la letra") *mata*. En el mismo pasaje, la ley se describe como el "ministerio de *muerte*" (v.7), y el "ministerio de *condenación*" (v.9). "¿Por qué Dios dio una ley que mataría y condenaría al hombre?", me preguntan muchos. Yo contesto: "Lo hizo para matar y condenar. Cuando la ley trae muerte y condenación, cumple su propósito. Eso es lo que *se espera* que haga". ¿Porque Dios es cruel? No. Porque es un ministerio necesario para traernos a la salvación dada mediante Jesucristo. Gálatas 3:23-24 lo expresa así:

Antes que viniese la fe, estábamos confinados bajo la ley, encerrados para aquella fe que iba a ser revelada. De manera que la ley ha sido nuestro ayo, para llevarnos a Cristo, a fin de que fuésemos justificados por la fe.

Nosotros nos miramos en el espejo de la ley y nos damos cuenta de que hemos quebrantado la ley, y por lo tanto estamos bajo su maldición. Desesperadamente clamamos a Dios: "¿Cómo puedo ser salvo?", y la respuesta es: "Cree en el Señor Jesucristo, y serás salvo". Al llegar a este punto, ¿qué papel juega la ley en nuestras vidas? Ninguno. Ya ha cumplido su misión. Su propósito era llevarnos a Cristo, y lo hizo. "Pero venida la fe, ya no estamos bajo ayo" (Gálatas 3:25), *ya no estamos bajo la supervisión de la ley.*

Muchos preguntan: "¿Pero no se espera que todavía guardemos los Diez Mandamientos?" Aun pasando por alto el hecho de que nadie podría guardarlos, existe otro problema. No hace mucho que un pastor me hizo esa pregunta. Le contesté con otra pregunta: "¿Qué hizo usted el sábado pasado?" Un poco sorprendido, me dijo que había recortado el césped y después se había ido a pescar.

"¿Se da cuenta de que si los Diez Mandamientos todavía estuviesen en vigor, usted debería ser apedreado?" El mandamiento es: 'Acuérdate del día de reposo para santificarlo.... no hagas en él obra alguna'" (Exodo 20:8,10).

El se dio cuenta del punto. El domingo no es el sábado. El verdadero sábado es desde la puesta del sol del viernes hasta la puesta del sol del sábado. La iglesia deliberadamente *no* ha adorado en sábado durante diecinueve siglos.

Hoy hemos olvidado la razón de esta tradición, pero la iglesia primitiva la conocía como la palma de su mano. Ellos reconocieron que Dios ya había abolido el sistema antiguo, la ley, y establecido algo nuevo: un nuevo pacto, un nuevo arreglo entre Dios y el hombre en el cual el tiempo y el lugar de la adoración ya no importan. Cada día es de descanso para aquellos que están unidos a Cristo Jesús.

Recientemente, durante uno de nuestros seminarios, un hombre llamado Miguel me preguntó: "¿Pero acaso no están los Diez Mandamientos repetidos en el Nuevo Testamento? Además, el Nuevo Testamento está repleto de mandamientos. ¿Cuál es la diferencia entre éstos y estar bajo la ley?"

"Buena pregunta", dije yo. "Debemos darnos cuenta de que una ley no es sólo un mandamiento. Es siempre un mandamiento asociado a un castigo. Por ejemplo, en los Estados Unidos, la ley relacionada con la velocidad no es simplemente: 'No manejarás a más de 55 millas por hora', sino: 'No manejarás a más de 55 millas por hora, y si lo haces, tendrás que pagar una multa hasta de $200'.

"Miguel, tú tienes razón al decir que ves la misma moralidad del Antiguo Testamento en el Nuevo Testamento. Lo bueno y lo malo siguen siendo lo bueno y lo malo, ya que la moral refleja el carácter de Dios, y El no cambia. Pero la diferencia es esta: Bajo la ley 'La paga del pecado es muerte' (Romanos 6:23), pero 'ahora ninguna condenación hay para los que están en Cristo Jesús' (Romanos 8:1).

"Esa es una razón por la cual los mandamientos en el Nuevo Testamento no son leyes. La segunda razón es que nosotros no estamos obedeciendo esos mandamientos neotestamentarios para ser aceptados por Dios.

"Bajo la ley, un hombre trabaja para ser aceptado por Dios. Bajo la gracia, un hombre sirve porque *ya* ha sido aceptado por Dios". La dificultad del hombre en entender los principios de la ley y la gracia, no son un fenómeno nuevo. Jesús enfrentó las mismas controversias. En efecto, ese es el marco de las respuestas que El dio a algunos críticos que le preguntaron por qué El y sus discípulos no observaban todas las tradiciones legalistas tradicionales:

Ni echan vino nuevo en odres viejos; de otra manera los odres se rompen, y el vino se derrama, y los odres se pierden; pero echan el vino nuevo en odres nuevos, y lo uno y lo otro se conservan juntamente (Mateo 9:17).

En el proceso de hacer vino de aquellos tiempos, el jugo de uva fresco se depositaba en un odre. Cuando el jugo se iba transformando en vino por el proceso de fermentación, se expandía, y estiraba el cuero hasta sus límites. Después de usar aquel vino, ese odre jamás se volvía a llenar con vino nuevo. Ese cuero ya se habían estirado lo más que podía. Si lo hubiesen hecho, la fermentación lo habría roto. Se habría perdido el odre y también el vino.

Jesús está tratando de que entiendan que el nuevo pacto que Dios está inaugurando, no puede contenerse dentro de las formas del antiguo pacto; es decir la ley. La ley y la gracia son dos principios opuestos. No pueden ni deben ser mezclados. Si usted intenta hacerlo, verá como ambos se destruyen: a la ley se le quita su terror y la condenación; y a la gracia, su libertad y gozo. Usted termina con una tierra de nadie mediatizada en la cual ninguna de las dos puede producir aquello para lo cual fueron creadas.

¿Es un asunto serio estar bajo la ley? Acuérdese de Margarita. La ley mata. La ley condena. No hay esperanza bajo la ley. Pero no porque sea mala. Cuando ella hace estas cosas, está haciendo precisamente lo que Dios quería que hiciera —de modo que nuestros corazones estén preparados para Su solución—: *"Porque el fin de la ley es Cristo, para justicia a todo aquel que cree"* (Romanos 10:4).

"Pero esta clase de mensaje va a hacer que la gente peque más", objetan muchos. Otros preguntan: "¿Cómo Dios nos guía, si no por la ley?" Voy a dar respuesta a estas interrogantes en los próximos capítulos. Baste por ahora este anuncio de nuestra liberación: "Porque el pecado no se enseñoreará de vosotros; pues no estáis bajo la ley, sino bajo la gracia" (Romanos 6:14).

10

Libre del yugo de la esclavitud

Dondequiera que el mensaje puro del amor de Dios y aceptación en Jesucristo se ha dado, la gente presenta la misma objeción: "Pero usted le está dando licencia a la gente para pecar". En realidad, me he dado cuenta de que la gente está pecando aun sin licencia, pero eso es otro asunto. Esta objeción no es nada nuevo. Pablo la enfrentó muchas veces. En efecto, él mismo la presenta en su carta a los Romanos, sabiendo como sabía lo que pasaba por la mente de sus oyentes al escuchar su explicación del Evangelio: "¿Qué, pues, diremos? ¿Perseveraremos en pecado para que la gracia abunde?... ¿Qué, pues? ¿Pecaremos, porque no estamos bajo la ley, sino bajo la gracia?" (Romanos 6:1,15).

En ambos casos, su respuesta es: "En ninguna manera". Es como si dijese: "¡Qué pregunta más absurda!" Y lo es cuando usted comprende el amor y la gracia de Dios y conoce del poder de Cristo viviendo en usted. A mí me han hecho esa pregunta muchas veces, y quiero contestarla con una ilustración.

Imagínese que usted es dueño de uno de los mejores restaurantes. Un día escucha ruidos en la parte de atrás, donde usted coloca la basura. Abre la puerta para ver qué sucede, y halla a un hombre de aspecto lastimero —ese soy yo— que pelea con algunos gatos callejeros por los desechos que hay en el depósito de la basura. Yo soy virtualmente un esqueleto viviente. Es obvio que estoy a punto de morir de hambre, y probablemente he estado en esa condición por mucho tiempo.

Nada hay en mí de atractivo o que provoque sus afectos, pero usted siente compasión.

"Hey señor, venga, no se coma esa basura. No soporto verlo haciendo eso. Entre a mi restaurante y coma lo que deseee".

"Pero no tengo dinero".

"No importa, mis negocios están bien y puedo hacerlo sin problemas. Quiero que de aquí en adelante coma en este lugar sin pagar un solo centavo".

Usted me toma del brazo y me lleva a sentarme a la mesa. Yo no puede creerlo. Nunca he visto un restaurante, ni comida en tanta abundancia. Mis ojos contemplan, las carnes, los vegetales, ensaladas, pasteles, frutas, pescado, gallina... Ni en sueño jamás había imaginado que existieran todos esos manjares.

Le miro con intensidad y le pregunto: "¿Dice usted que puedo comer cualquier cosa que desee?"

"Ajá".

"En realidad, ¿cualquier cosa que desee?"

"Sí, cualquier cosa que desees".

Entonces, con un tono suave y con lágrimas en los ojos, le pregunto: "¿Podría comer un poco de basura?"

¿Qué pensaría usted de mí? Que estoy loco, ¿verdad? Con toda la comida deliciosa delante de mí, todo lo que se me ocurre es preguntar si puedo comer basura. Pero así es exactamente lo que pienso de la gente cuando me preguntan si pueden pecar porque ya están bajo la gracia.

Jesucristo dio su vida por nosotros para llevar, de una vez por todas, nuestros pecados y culpa delante de un Dios santo. Entonces nos dio *Su vida* para levantarnos de la muerte espiritual. El nos dio su justicia, total aceptación, y la condición de hijos en la familia de Dios. El nos ha hecho

linaje escogido, real sacerdocio, nación santa, pueblo adquirido por Dios, para que anunciéis las virtudes de aquel que os llamó de las tinieblas a su luz admirable (1 Pedro 2:9).

La vida que El nos ha dado es Su vida: que Jesucristo viva en nosotros y a través de nosotros, y cada día —la aventura emocionante de ser usados por Dios para expresar su vida y su amor a los que nos rodean—. Y en vista del magnífico "restaurante", que Jesús llamó "vida abundante" (Juan 10:10), todo lo que se le ocurre a una persona es: "¿Eso quiere decir que uno puede salir y seguir pecando?"

El mundo cristiano está obsesionado con el pecado. Es de lo que más hablamos. Casi todo lo que predicamos y enseñamos va encaminado a lograr que la gente deje de pecar. ¿Está usted preparado para una declaración impresionante? *¡El objetivo de la vida cristiana no es dejar de pecar!* Para usar la analogía del hombre hambriento, la mayoría de la enseñanza cristiana es como una persona que sigue al hambriento diciéndole constantemente: "No comas más basura, sal de ella". Pero el gran problema para una persona hambrienta es que comerá cualquier cosa, hasta basura.

¿Qué debe hacer usted? Yo le prometo que si logra que ese hambriento entre en su restaurante y comience a experimentar lo que es comer alimento bueno y verdadero, no seguirá añorando la basura que hay detrás de su establecimiento.

¿Qué es lo que todo ser humano necesita? ¡La vida de Cristo! No meramente un recibimiento inicial de El en nuestras vidas; necesitamos experimentar diariamente la realidad de conocer a Cristo y caminar con El en una relación vibrante. El Señor definió la vida eterna de esta manera: "Y esta es la vida eterna: que te conozcan a ti, el único Dios verdadero, y a Jesucristo, a quien has enviado" (Juan 17:3). *¡Ese es el verdadero objetivo de la vida cristiana! ¡Conocer a Cristo!*

Es sólo en comparación con las riquezas de conocer a Cristo que el pecado comienza a perder su atractivo. Mientras más tiempo transcurre en mi vida cristiana, más cuenta me doy de que el pecado es no sólo incorrecto, es del todo *estúpido*. Pienso que es muy absurdo que nos conformemos con menos que experimentar la presencia de Jesucristo mismo cada minuto. ¿Por qué he de revolcarme todavía en la basura cuando el Señor ha puesto una mesa delante de mí con un suculento baanquete? Y sin embargo, todavía la enseñanza cristiana está dirigida a que el cristiano salga de la basura. En otras palabras, continuamos tratando de usar la ley para producir vida cristiana.

Como vimos en el capítulo anterior, al proceder así pasamos por alto el hecho de que la ley no fue dada para poner al hombre bien con Dios; fue dada para mostrar al hombre su necesidad a fin de que acuda al Salvador, quien le *hará* recto ante Dios. Pero hay otros resultados devastadores de usar la ley en la vida cristiana.

Primero, en realidad terminamos por *producir* lo que estamos tratando de evitar —el pecado—. Primera Corintios 15:56 dice: "El aguijón de la muerte es el pecado, y *el poder del pecado, la ley*". *La ley no sólo no nos detiene* de pecar, realmente *estimula* al pecado. Pablo describe su propia experiencia de esta manera:

> Porque tampoco conociera la codicia si la ley no dijera: No codiciarás. Mas el pecado, tomando ocasión por el mandamiento, produjo en mí toda codicia; porque sin la ley el pecado está muerto (Romanos 7:7-8).

Supongamos que usted está caminando en la acera junto a una cerca de madera. En la cerca hay un agujero, lo cual no atrae su atención: usted tiene otras cosas en que pensar. Pero digamos que sobre el agujero haya un gran rótulo blanco con las palabras, escritas en grandes letras rojas: "Por ningún concepto se le permite a nadie mirar a través de esta abertura". ¿Qué le ocurre ahora? Usted sabe lo que quiero decir. Repentinamente nota en sí un deseo irresistible —*debe* saber qué hay del otro lado—. Todo su ingenio, creatividad e inteligencia se inclinan hacia un propósito: "¿Cómo puedo yo ver lo que hay ahí sin que me pesquen?"

Esa es la experiencia de un corazón pecaminoso en contacto con la ley. La ley desata la rebelión en nosotros. El problema no es la ley, somos nosotros. Si agita una capa roja delante de un toro y éste embiste, usted no creó ese instinto en el animal; lo que hizo fue poner de manifiesto su naturaleza taurina. De igual modo, cuanto más trate de usar la ley con el fin de lograr que las personas vivan la vida cristiana, más promueve en ellas sus deseos rebeldes pecaminosos.

La segunda razón por la que la ley no produce la vida que Dios desea es que ésta sólo trata con lo *externo*. Dios, se nos ha dicho, mira al corazón del hombre, pero la ley sólo trata con sus acciones. Si Dios solamente hubiera deseado modificar nuestras acciones, entonces los fariseos habrían sido sus favoritos. Pero Jesús reservó sus comentarios más duros para ellos, que eran los que más enfatizaban la justicia externa:

> ¡Ay de vosotros, escribas y fariseos, hipócritas! porque limpiáis lo de fuera del vaso y del plato, pero por dentro estáis llenos de robo y de injusticia.... sois semejantes a sepulcros blanqueados, que por fuera, a la verdad, se muestran hermosos, mas por dentro están llenos de huesos de muertos y de toda inmundicia. Así también vosotros por fuera, a la verdad, os mostráis justos a los hombres, pero por dentro estáis llenos de hipocresía e iniquidad. (Mateo 23:25,27-28).

Y eso es lo *mejor* que la ley puede producir.

Estos mismos fariseos, que se consideraban a sí mismos justos, estuvieron dispuestos a condenar y crucificar al Señor Jesucristo con acusaciones falsas. *En el mismo instante,* rehusaron entrar en el pretorio de Poncio Pilato por temor de "contaminarse" y no poder observar la Pascua. Ese espíritu farisaico todavía está con nosotros hoy. Es la actitud de que ser un buen cristiano significa: "Yo no bebo, no fumo, no masco tabaco, ni ando con las chicas que hacen estas cosas".

La Biblia nos dice que "sin fe es imposible agradar a Dios" (Hebreos 11:6), y esa declaración va más lejos al afirmar que "todo lo que no proviene de fe, es pecado" (Romanos 14:23). Sin embargo, la Biblia hace esta clara distinción: "*La ley no es de la fe,* sino que dice: El que hiciere estas cosas vivirá por ellas'" (Gálatas 3:12).

Una vida de fe y una basada en la ley son continuamente presentadas en las Escrituras como exactamente opuestas.

¿Vivimos por fe? ¿Qué es eso? ¿Amamos a todos? ¿Eso qué importa?

Sólo tienes que estar seguro de que andas en la línea. Como resultado, a los cristianos se les conoce más por las cosas de las que están *en contra* que por aquellas de las que están *a favor.* Las personas más antipáticas y desamoradas de la tierra son los legalistas. Ellos pueden creerse muy justos aun en el acto mismo de apuñalar a su hermano por la espalda.

Nosotros hacemos todas las cosas "correctamente" (según nuestra propia definición) y no hacemos las incorrectas, y por eso creemos que somos buenos cristianos. Pero si usted acepta esa filosofía, nunca podrá descansar. El ingenio del hombre para buscar nuevas y complicadas leyes es asombroso.

Marcos nos llamó por teléfono durante nuestro programa radial. Deseaba saber qué significa ser libre en la gracia de Dios. "No me han enseñado prácticamente nada sino legalismo", dijo. Uno de sus ejemplos fue este: "Me han dicho que los domingos sólo se pueden hacer algunos tiros a la canasta con la pelota, pero no jugar al baloncesto".

"Marcos", contesté yo, la Biblia dice que la ley incita al pecado, y te diré lo que estoy pensando. Me pregunto si eso se aplica a un juego de media cancha, o sólo a baloncesto de cancha completa. ¿Qué en cuanto a jugar uno contra uno? O, ¿qué de jugar sin llevar cuenta de los tantos? Yo oigo una ley, y enseguida comienzo a pensar en maneras de evadirla.

"¿Entiendes lo que quiero decir? Esto es como lo que hacían los fariseos en el tiempo de Cristo. Ellos tenían las leyes de Dios, pero eso no era suficiente. De modo que inventaron unas cien más de su propia iniciativa. En aquellos tiempos, por ejemplo, estaba bien que se escupiera sobre una roca, pero no sobre la tierra, porque eso formaría barro, y hacer barro era trabajar, y supuestamente el sábado no se podía trabajar".

Hay una historia fascinante en el capítulo 9 de Juan, en la cual Jesús sanó a un ciego por escupir en la tierra, frotar el lodo sobre los ojos del hombre, e indicarle que fuese a lavarse en cierto estanque. El Señor no necesitaba el lodo —El sanó a muchas otras personas con sólo tocarlas o decir una palabra—, por eso me pregunté muchas veces por qué hizo esto. Entonces descubrí que la interpretación de los fariseos de escupir en la tierra era una violación del sábado, y eso me dio la respuesta. Aquel ciego fue sanado en un sábado. En mi opinión, Jesús empleó este procedimiento *específicamente porque* violaba la ley de los fariseos. Era un acto deliberado dirigido a exponer lo absurdo del legalismo de ellos.

La hipocresía de estos legalistas se manifiesta claramente en su reacción a la sanidad de este hombre. ¿Se regocijan con este hombre porque ya podía ver por vez primera? No. ¿Alaban a Dios por el milagro? No. ¿Consideran las atribuciones de Cristo como Hijo de Dios por haber El demostrado su autoridad? No. Esas cosas no eran de su interés personal. "Nosotros sabemos que este hombre [Jesús] es pecador" (Juan 9:24). ¿Cómo lo saben? Porque de acuerdo a sus tradiciones El violó el sábado. "No nos confunda con hechos o milagros", dicen ellos. "Nuestras decisiones ya están hechas".

¿No es esto ridículo? Pero eso es lo que pasa exactamente bajo la ley. Uno inmediatamente comienza a buscarle evasivas, a tratar de encontrar excepciones, y comienza a tener que hacerla cada vez más complicada para que se aplique a todas las situaciones. Entonces, una vez que uno ha creado este sistema tan elaborado, se ve obligado a defenderlo ante cualquier ataque. Aunque existían otros factores, la *seguridad de su oficio* fue la motivación de los que mataron a Jesús.

Una vez aconsejé a una joven llamada Lisa, que tenía un problema especial. Ella me relató que no podía ir de compras. Le pregunté el porqué. "Me criaron en un grupo muy estricto en el cual nunca se nos permitía escuchar música secular. En

136 \ CRISTIANISMO CLASICO

efecto, nos enseñaban que el diablo inspiraba toda música que no hablara de Jesús. Ellos nos decían que iríamos al infierno si escuchábamos durante largo rato cualquier música, ya fuese en la radio, o en discos, de modo que yo nunca lo hice. "Pero el problema es que en casi todas las tiendas ponen música. Fui a una tienda de ropa el otro día y tenían sintonizada una emisora de música ranchera. Comencé a sudar y me sentí tan culpable que tuve que salir —aunque yo ya sé que Dios no enseña tal cosa".

A pesar de que Lisa, una mujer de 28 años, había llegado a conocer a Jesucristo personalmente, todavía le era muy difícil sacudir de sí todas esas restricciones. ¿Puede usted imaginarse? ¿Ni siquiera poder ir de compras a causa de sentimientos de culpa tan profundos? ¡Señores, eso se llama esclavitud!

Yo nunca olvidaré la ocasión en que fui a un retiro de parejas. Había en aquel campamento alrededor de ocho parejas casadas, todos ellos buenos amigos, que se divertían en el área de la piscina, cuando apareció un hombre corriendo hacia nosotros, el cual parecía muy enojado.

"¡Todos fuera de la piscina!", gritó. Y le preguntamos cuál era el problema.

"No se permite natación mixta en este lugar.

Caminé hasta él y le pregunté: "Qué quiere usted decir por 'natación mixta'?"

"No se permite que los hombres y las mujeres usen la piscina al mismo tiempo", explicó él. Le manifesté que todos éramos parejas casadas, pero el dijo que ese hecho no importaba.

"¿Quiere usted decirme que puedo dormir con mi esposa en este lugar, pero que no puedo *nadar* con ella?"

"Exacto", contestó el.

Casi siempre, se dan explicaciones para ese tipo de regulaciones, que suenan lógicas y razonables. Pero el apóstol Pablo nos advirtió severamente en contra de someternos a ellas, y añadió esta declaración:

Tales cosas tienen a la verdad cierta *reputación* de sabiduría en culto voluntario, en humildad y en duro trato del cuerpo; *pero no tienen valor alguno contra los apetitos de la carne* (Colosenses 2:23).

Hace cien años, las mujeres usaban vestidos largos que exponían solamente la cara y las manos. Hoy, en áreas musulmanas muy estrictas, van mucho más allá. Ellos cubren a la mujer completamente. Ahora le pregunto: ¿Cree usted que los deseos carnales han sido eliminados bajo esas circunstancias? No. En efecto, esos deseos se incrementan. La imaginación del hombre va mucho más allá de lo que sus ojos pueden ver. Nosotros simplemente rehusamos enfrentar el hecho de que nuestro problema con el pecado nace de nuestro propio corazón. Y *la ley no puede hacer nada para cambiar un corazón.*

La tercera razón por la cual la ley no puede producir la vida que Dios desea es que *la ley está en la esfera de nuestros propios esfuerzos.* Esta es la lección real de un famoso pasaje de las Escrituras:

Porque lo que hago, no lo entiendo; pues no hago lo que quiero, sino lo que aborrezco, eso hago.... Así que, queriendo yo hacer el bien, hallo esta ley: que el mal está en mí. Porque según el hombre interior, me deleito en la ley de Dios; pero veo otra ley en mis miembros, que se revela contra la ley de mi mente, y que me lleva cautivo a la ley del pecado que está en mis miembros (Romanos 7:15,21-23).

La gente ha discutido durante varios siglos si este pasaje describe la experiencia de Pablo como un hombre perdido o como cristiano. Yo tengo mi propia opinión, pero eso no es el punto. En la controversia, hemos pasado por alto que *Pablo describe la experiencia de un hombre que está tratando de vivir conforme a la ley.* La experiencia que el describe es el resultado *aparte* de que uno sea cristiano o no.

Esta es la experiencia predecible y universal de cualquiera que sinceramente trate de vivir de acuerdo a los patrones divinos en sus propios esfuerzos. Ya sea antes o *después* de llegar a ser cristianos, no tenemos poder para guardar la ley por nosotros mismos. Además, es siempre a las personas más interesadas, las más sinceras, que la ley destruye. Alguien que es autocomplaciente y apático puede sentarse y escuchar toda clase de legalismos durante años sin que le afecte mucho; le entra por un oído y le sale por el otro. Pero el que desea profundamente buscar a Dios y agradarle, y vive la vida cristiana en sus propios esfuerzos, sufrirá serios daños, como Margarita, cuya historia les relaté en el capítulo anterior.

La ley siempre le llevará a la conclusión a que llegó el apóstol Pablo en Romanos 7:24: "¡Miserable hombre de mí! ¿quién me librará de este cuerpo de muerte?" Y la ley le dejará en esa situación.

Recuerde, la ley le muestra al hombre su necesidad, pero no la solución. Su propósito era llevar a la gente al conocimiento de su pecado y culpa para que se volviese a Cristo como Salvador. Inmediatamente después de decir "¿Quién me librará?, Pablo se regocija con "Gracias doy a Dios, por Jesucristo Señor nuestro" (Romanos 7:25).

Ahora que la ley ha cumplido su función de mostrarnos nuestra total incapacidad para vivir de acuerdo a la justicia de Dios en nuestros propios esfuerzos, y nosotros hemos acudido a Cristo en total dependencia de El, Dios no desea que regresemos a la ley. "Pero venida la fe, ya no estamos bajo ayo [supervisión de la ley]" (Gálatas 3:25).

Si nosotros todavía creemos que podemos ganar el favor de Dios o vivir la vida cristiana en nuestras fuerzas, es una señal de que la ley no ha completado realmente su trabajo en nuestras vidas. Cada cristiano sabe que ha cometido pecados, pero es otra cosa percatarse de que somos "hombres miserables". Lo primero es una aceptación de que hemos hecho malas *acciones;* lo segundo es el descubrimiento de que el problema es mucho más profundo que simplemente el mal que hemos hecho; está en *nosotros*. La salvación no es sólo una liberación del castigo que merecemos; es realmente ser rescatados de lo que *somos*. Es como el famoso argumento de las tiras cómicas "Pogo": Hemos dado con el enemigo: es *nosotros*. La cuestión de la ley y la gracia se reduce a una simple decisión: ¿Abrazaremos la definición de Dios de los verdaderos objetivos de la vida cristiana, o perseguiremos nuestras propias definiciones de fabricación humana de éxito en la vida cristiana? ¿Es nuestro objetivo agradar a Dios, o a los hombres?

Me doy cuenta de que todavía no he formulado la pregunta: "¿Si no hemos de vivir bajo la ley, cómo, pues, *vivimos?* El próximo capítulo tratará ese tema en particular. Pero hasta que nosotros veamos que la ley no puede cumplir los deseos de Dios en nuestras vidas, no estaremos dispuestos a abandonarla y así recibir Su verdadera vida.

Cuando los cristianos están viviendo bajo la ley, los resultados son los mismos de siempre. Y no importa si usted está tratando de vivir de acuerdo a las leyes divinas, leyes hechas por hombres, o normas que usted mismo se ha impuesto. El resultado será temor, culpa, frustración, y sentimientos de condenación. Experimentará una falta de capacidad para amar a Dios y al hombre. ¿Cómo puede usted amar a Dios a quien está tratando de agradar pero que nunca puede lograrlo? Y cuando continúa experimentando culpa y condenación, ¿cómo puede ser bondadoso y perdonador con otras personas? Cuando ellos aparentan estar bien, los envidia. Si fracasan, los juzga. Después de todo, ¿por qué *te* he de dejar quieto cuando Dios *me está martilleando cada vez que fallo? Así se piensa bajo la ley.*

Bajo la ley usted nunca experimenta paz o descanso en la vida cristiana. ¿Por qué? Porque su obra nunca termina. "Una inquietud espiritual" resulta, cuando usted siempre está buscando ese "algo más" que transformará su vida cristiana en realidad. Siempre está alrededor de la esquina, en el próximo seminario, o libro —nunca descansando plenamente en Cristo mismo que vive en usted, y quien ya hizo todo, y le ha dado todo lo que necesita.

Bajo la ley llegamos a ser hipócritas. Esa palabra proviene del teatro griego. Un hipócrita no es una persona imperfecta; sino más bien un *actor,* alguien que trata de *aparentar* lo que no es. Lo que hizo a los fariseos hipócritas no fueron sus faltas, sino tratar de aparentar que eran justos. Enseñaban una cosa pero hacían otra. Pero es lo que la ley siempre producirá: personas que siempre esconderán lo que son en realidad, siempre estarán fingiendo y tratando de aparentar, nunca siendo genuinos.

Pero ¿qué sucede cuando somos libertados por gracia? Uno de los testimonios más comunes que oigo es: "Por primera vez en mi vida, soy libre para ser lo que soy, sin tener que fingir".

La consecuencia final de vivir bajo la ley es la rebelión abierta —cuando uno se da por vencido, ya que nunca puede lograrlo—. No le puedo decir el número de ocasiones en que me he sentado en mi oficina a aconsejar a alguien que ha expresado: "Yo me he estado rebelando contra Dios durante diez años. Abandoné el cristianismo, y ahora estoy enojado con Dios".

Yo les digo: "Hábleme acerca del Dios contra el cual usted se ha rebelado y con quien está enojado".

Cuando ellos lo describen, a menudo respondo: "Muy bien, usted *debe* rebelarse contra ese dios y contra esa religión. Ahora permítame hablarle acerca del Dios *real* y de su Hijo real, Jesucristo. Acerca del Dios que le ama y le acepta incondicionalmente".

Vez tras vez, he visto a estas personas, que han sido tildadas de rebeldes contra Dios y apóstatas, reaccionar con gozo al descubrir la maravillosa gracia, amor y aceptación de Dios en Jesucristo.

En todos mis años como cristiano, nunca he escuchado a alguien decir: "Basta ya, ya tuve suficiente, estoy harto del amor y gracia de Dios y del amor que otros cristianos me muestran. Renuncio a todo esto". No, nunca lo he escuchado. Pero yo no podría decir cuántos cristianos que he conocido se han dado por vencidos a causa de estar bajo la ley, que han sido quebrantados por la carga aplastante de tratar de ser lo suficiente buenos como para ganar la aceptación de Dios, que han sido destrozados por la competencia, el ser juzgados, y las demandas de conformarse a las normas de determinados grupos. "Nosotros le aceptaremos si usted camina, habla y actúa como *nosotros*". Y la implicación siempre es: "Y Dios también". De modo que, ¿qué *podemos* hacer nosotros?

Primero, debemos aplicar la exhortación de Pablo en Gálatas 5:1: "Estad, pues, firmes en la libertad con que Cristo nos hizo libres, y no estéis otra vez sujetos al yugo de esclavitud". ¿Cuál es el "yugo de esclavitud"? ¡La ley! Pablo proclama que hemos sido libertados. No permitamos que se nos coloque otra vez bajo la ley. Pedro se hace eco de estas palabras en su respuesta a los judaizantes: "Ahora, pues, ¿por qué tentáis a Dios, poniendo sobre la cerviz de los discípulos un yugo que ni nuestros padres ni nosotros hemos podido llevar? (Hechos 15:10).

Jesucristo vino a libertarnos de la carga de la ley al llamarnos a a una vida unida a la suya:

> Venid a mí todos los que estáis trabajados y cargados, y yo os haré *descansar*. Llevad *mi yugo* sobre vosotros, y aprended de mí, que soy manso y humilde de corazón; y hallaréis descanso para vuestras almas; porque *mi yugo es fácil, y ligera mi carga* (Mateo 11:28-30).

Sin embargo, Pablo no termina con su exhortación a permanecer firmes en la libertad a la cual hemos sido llamados. También emite una advertencia: "He aquí, yo Pablo os digo que si os circuncidáis, de nada os aprovechará Cristo" (Gálatas 5:2).

Esta es una declaración sorprendente. Pablo, al inicio de la carta, reconoció que los Gálatas eran en verdad hijos de Dios. ¿En qué circunstancias podría uno decirle a un cristiano que Cristo no sería de beneficio para él? La respuesta aparece en el versículo 3: "Otra vez testifico a todo hombre que se circuncida, que está obligado a guardar toda la ley".

Usted encontrará que una característica de los legalistas es que ellos siempre tratan de "escoger ciertas leyes", sus favoritas. Nadie trata de cumplirlas todas, solamente desean seguir sus preferidas. Pero Pablo enfatiza el hecho de que uno está o bien bajo la ley o bien bajo la gracia. No puede estar bajo la gracia e intentar retener aun *una ley*. Depender aunque sea de una sola ley a fin de ser aceptable a Dios lo pondría totalmente dentro de *la esfera* de la ley, comprometido con todo el sistema legal. Esa es la razón por la cual Pablo dice: "Un poco de levadura leuda toda la masa" (Gálatas 5:9).

Con una sola ley destruimos toda la gracia. Usted no puede confiar a la vez en lo que *usted* hace y lo que Cristo ha hecho. Pablo finaliza su argumento con una estremecedora declaración: "Los que por la ley os justificáis; de la gracia habéis caído" (Gálatas 5:4). Este versículo ha sido tomado fuera de contexto en muchas ocasiones para amenazar a los cristianos con que ellos pueden perder su salvación si cometen muchos pecados. Ese es un tremendo error.

Primero, la frase "caer de la gracia" no tiene nada que ver con perder la salvación. Usted puede notar que en su contexto esta declaración significa perder la libertad de la gracia para colocarse de nuevo bajo la esclavitud de la ley.

Segundo, no son aquellos cristianos que han cometido algunos pecados los que "han caído de la gracia". El versículo dice que "los que por la ley os justificáis" son los que han caído de la gracia. En otras palabras, a los mismos que sostenían que uno puede ganar la aceptación de Dios por su comportamiento o perderla por sus fracasos se refiere este versículo. ¡Son *los legalistas* quienes han caído de la gracia!

Nosotros somos hijos de Dios amados y aceptados, que hemos sido llamados a su "banquete" para la experiencia de que Jesucristo viva en y a través de nosotros cada día. La vida abundante no es una teoría nebulosa. Es real, y es nuestra con sólo recibirla por fe. No nos conformemos con nada menos.

11

Viviendo por una ley superior

En un seminario, un joven llamado David me hizo una pregunta: "Bob, no entiendo todavía lo que quieres decir por 'legalismo'. Yo puedo verlo claramente si alguien está añadiendo condiciones para ser salvo, pero ¿cómo identificarlo en la vida cristiana diaria?" Luego elaboró otras observaciones: "Yo puedo ver cómo las personas pueden estar bajo la ley y estudiar la Biblia, testificar, ofrendar y otras cosas más. Pero el problema es este: Ciertamente ¡*Dios* desea que hagamos estas cosas! Y El no quiere que robemos, mintamos, o agredamos a nadie. ¿Qué hace que algo sea o no legalista?"

¡David hizo una pregunta excelente! A menudo usamos términos como "legalismo" sin definirlos. Así le contesté: "Hay dos áreas principales que determinan si algo es legalista o no. Primero que todo, el *motivo* de la acción. En otras palabras, ¿*por qué* estás haciendo o dejando de hacer algo? Recuerda la ley y la gracia y la cuestión de la aceptación por Dios.

"Tomemos como ejemplo el testificar. ¿Por qué lo haces? Una persona testifica para obtener el favor de Dios. No desea hacerlo, pero lo hace porque piensa que debe hacerlo. Otro está hablando de Cristo también. Pero este segundo hombre sabe que es aceptado por Dios por medio de Jesucristo, y está testificando con un interés y amor genuinos por las almas. De modo que tenemos a dos personas haciendo la misma actividad exteriormente: el primer hombre está viviendo bajo la ley; el segundo bajo la gracia. El motivo hace la diferencia".

Se ha dicho que la confesión es buena para el alma pero dura para la reputación, pero yo tengo que admitir que conozco por experiencia personal lo que significa compartir a Cristo en el poder de la carne. No le puedo decir cuántas veces le hablé de Cristo a alguien y con el rabo del ojo trataba de ver si alguien me estaba observando y percatándose de cuán espiritual yo era. Aunque Dios usó su palabra en esas situaciones para dirigir muchas personas a Cristo, mi actitud no era la que El deseaba.

"¿Te das cuenta de lo que quiero decir, David? El segundo factor que hace que algo sea legalista o no es la *fuente de la vida*. La ley pertenece a la esfera del esfuerzo propio. Una vida bajo la gracia se caracteriza por la experiencia de que Cristo resucitado vive en y a través de uno".

Hay una ilustración que compartí con David ese día, la cual, creo, explica la diferencia entre el legalismo y el cristianismo real. Imagínese que usted se halla en una casa enorme, en la cual viven individuos que oyen bien y otros que son sordos. Todos están juntos, y usted no puede distinguirlos a simple vista. En un salón hay un hombre sentado. Al verle, usted se da cuenta de que lleva cierto ritmo con los pies y los dedos de la mano. Usted sabe lo que está sucediendo. El está escuchando música, y obviamente la disfruta. Todo su cuerpo está reaccionando a lo que sus oídos están percibiendo. No hay nada misterioso o extraño al respecto.

Pero ahora, traigamos otra persona a la escena. Uno de los sordos abre la puerta, entra en el salón. Inmediatamente ve al primer hombre y camina hacia él y le saluda. El sordo le ve, y piensa: "Este está disfrutando la vida". "Yo trataré también de hacerlo". De modo que el sordo se sienta junto al otro y comienza a imitarle. Con un poco de práctica, el sordo tiene casi el mismo ritmo. Se sonríe y dice: "No tiene *esa* diversión, pero está bien".

Añadamos ahora el final de la historia. Un tercer hombre entra en el salón. ¿Qué ve él? *Dos hombres, aparentemente haciendo la misma cosa.* Pero ¿hay alguna diferencia? ¡Por supuesto que sí! ¡Toda la diferencia del mundo! Las acciones del primer hombre son su *respuesta* natural a la música que él escucha. El sordo solamente está *imitando* esas acciones exteriores —aunque no puede oír ni una nota—. *Esa* es la diferencia entre el legalismo y el cristianismo real.

Cuando tomamos la vida cristiana en la forma que Dios quiere, nuestras actitudes y acciones son una respuesta a la "música" que escuchamos. Esa música es nuestra relación personal con el Cristo viviente que habita en nosotros. Es la música de andar en una relación de confianza con un Dios y Padre amoroso a quien estamos aprendiendo a amar más y más cada día.

Por otro lado, a los legalistas no les importa si usted es sordo a la gracia y el amor de Dios. Lo que a ellos les interesa es que las personas chasquen los dedos y muevan los pies al mismo ritmo de los demás. El legalista siempre dirá que un énfasis sobre la gracia conducirá a que se peque más. Pero no es eso lo que la Biblia dice:

> Porque la gracia de Dios se ha manifestado para salvación a todos los hombres, enseñándonos que, renunciando a la impiedad y los deseos mundanos, vivamos en este siglo sobria, justa y piadosamente, aguardando la esperanza bienaventurada y la manifestación gloriosa de nuestro gran Dios y Salvador Jesucristo (Tito 2:11-13).

La gracia y el amor de Dios son la verdadera motivación para la vida cristiana —de acuerdo a la Biblia y no a lo que yo pienso—. Esa es la música real, la cual debe ser la fuente de nuestras vidas.

Los principales términos bíblicos que se refieren a este principio son "andad en el Espíritu" (Gálatas 5:16) y "sed llenos del Espíritu" (Efesios 5:18). Pero es aquí donde muchos creyentes se frustran. Les he oído exclamar: "Yo he escuchado esas dos frases toda mi vida, pero no tengo idea de lo que significan. Todos me dicen que lo haga, pero no me indican *cómo* hacerlo". Entiendo su frustración, porque yo la viví también.

Después que recibí a Cristo, se me enseñó que la vida cristiana diaria era por "apropiarnos el poder del Espíritu Santo". Me sonaba bien, pero a menudo preguntaba cómo se hacía. La respuesta era: "Usted es lleno del Espíritu por la fe". Eso sonaba bien también. Después de todo, todos sabemos cuán importante es la fe. Así que, traté de hacerlo.

A veces sentado en mi oficina me daba cuenta de que no había pedido ser lleno del Espíritu ese día. De modo que, confesaba todos mis pecados que podía recordar, entonces reclamaba la promesa de Dios de que El haría cualquier cosa si le pedía conforme a su voluntad (1 Juan 5:14-15). Ya que era su voluntad que yo fuese lleno del Espíritu, le pedía la experiencia "por fe". De acuerdo a lo que había aprendido, ahora estaba lleno del Espíritu, mi seguridad descansaba en el hecho de que yo había reclamado la promesa de Dios y creía que El me había dado la respuesta. Pero todavía me hallaba sentado en mi oficina y no sentía nada diferente.

Mi experiencia no encajaba con la calidad de *vida* que se describe en todo el Nuevo Testamento, particularmente en el libro de los Hechos, en el cual muchas veces los apóstoles y otros creyentes fueron llenos del Espíritu Santo. Además, había mucha actividad de testificar en el libro de los Hechos. Puesto que yo era un fiel y entusiasta evangelista —más debido a mi personalidad de vendedor que a la obra del Espíritu— suponía que estaba lleno del Espíritu también. De modo que, echaba a un lado mis dudas.

Lo que me hizo recapacitar sobre este aspecto de mi vida cristiana fue mi labor de escribir libritos de estudio bíblico. Había escrito dos series —una sobre la deidad de Cristo y otra sobre la autoridad de la Palabra de Dios— y estaba en el proceso de comenzar la tercera acerca de la vida cristiana. Los asuntos acerca de los que planeaba escribir eran la obra consumada de Cristo en la cruz, el ministerio del Espíritu Santo, el conflicto entre la carne y el Espíritu, y otros. La lección final había de ser "Cómo amar". Yo esperaba terminar esta serie rápidamente; después de todo, escribía lo que había estado enseñando en seminarios durante muchos años. Intentar escribir la última lección llegó a ser una de las experiencias más frustrantes y crispadoras de nervios de mi vida. Naturalmente, para escribir una lección de estudio bíblico uno tiene que definir términos y tener un plan de acción para ayudar al estudiante a entender el tema. Pero yo no podía hacerlo. Mis bosquejos y explicaciones parecían vagar en círculos sin llegar a lugar alguno. En algunas ocasiones nuestro personal se reunió para discutir la lección acerca del amor, y tuvimos discusiones acaloradas ¡para definir que *es* amor! Yo estaba a punto de arrancarme los pelos.

Finalmente, creo que Dios colocó en mi cerebro el mensaje que El había estado tratando de comunicar: "Bob, ¿no se te ha ocurrido que la razón por la cual tú no puedes escribir una lección acerca del amor es *porque no sabes nada tocante al amor"*. Dios tenía razón. En realidad, yo *no* sabía nada acerca del amor, o a lo menos no tanto como yo creía. Parecía que Dios estuviera diciendo: "Regresemos al primer paso y comencemos todo de nuevo".

Volví a la primera lección —La obra consumada de Cristo en la cruz— y, en el proceso la investigación y estudio extensivo que era necesario, Dios comenzó a enseñarme de su Palabra cuán grande es su perdón total en Cristo Jesús. Comencé a aprender como nunca antes cuán completa era su obra para nuestra reconciliación y perdón. Comencé a ver su amor incondicional desde una profundidad que nunca soñé. Estaba tan contento y lleno de gozo que mantuve al personal de la oficina emocionado, al compartir con ellos todo lo que Dios me estaba enseñando.

Generalmente, he observado, Dios me permite ver una verdad en su Palabra, y luego me muestra en una situación de la vida real lo que *significa*. Durante esos días tuve una de las experiencias de aprendizaje más vívidas de mí existencia, un incidente que me mostró cómo el amor y el perdón de Dios obran en nuestras vidas.

Al prepararme para ir al trabajo una mañana, le dije a mi hija Débora que recogiera los melocotones que habían caído del árbol que teníamos en el patio. Cuando regresé a la casa esa tarde y me di cuenta de que ella no lo había hecho, fui a su cuarto a preguntarle por qué no lo había hecho. Su respuesta fue: "Había abejas".

Hasta el día de hoy no sé por qué, pero esa respuesta me pareció del todo irracional, y me llené de ira. Enfurecido con mi hija, le grité e hice toda clase de gestos coléricos.

Unos minutos más tarde, estaba en mi propio cuarto, avergonzado y sintiéndome culpable. ¿Qué podía hacer en esa situación? Bueno, me arrodillé cerca de la cama para hacer lo que siempre he hecho, y lo que me enseñaron a hacer: comencé a pedirle perdón a Dios. "Oh Señor, hoy si me he portado como un estúpido. *Por favor,* perdóname".

Por alguna razón, aunque esta era una escena que había experimentado muchas veces antes, mí oración sonaba totalmente hueca ese día. En mi corazón, era como si Dios me estuviera diciendo: "Bob, yo ya te he perdonando. ¿Qué piensas que sucedió en la cruz hace 2.000 años? A la luz de lo que había estado aprendiendo acerca de la finalidad de la cruz, me di cuenta de que yo estaba pidiendo a Dios que hiciera algo que El ya había hecho de una vez para siempre.

Tomé un ángulo diferente en mi oración. "Pero Señor, siento mucho haberme enojado locamente".

"¿De veras que lo sientes?, Bob".

"Señor, lo siento mucho"

"Entonces ve y díselo a Débora"

Casi me desmayo. "Señor, no lo siento *tanto* como para eso".

La batalla en mi corazón continuó por un tiempo más largo de lo debido, pero finalmente capté de manera clara y convincente lo que Dios me había estado enseñando durante muchos meses. "¿No te das cuenta Bob, de que el problema no es conmigo? Tú has insultado a mi hija Débora, y ella está en su cuarto llorando. El problema es entre tú y ella. Si me amas, entonces ve a reconciliarte con *ella*".

Ese día descubrí lo que es el poder del Espíritu. No necesité poder alguno para ir a Dios y pedirle perdón —eso fue muy fácil—. Pero necesité el poder del Espíritu, varios ángeles, y algunas mulas que me halaran, para ir a mi hija, *a quien realmente había herido,* para decirle que había hecho algo incorrecto y que me perdonara. Después de mi lucha interna, fui al cuarto de Débora y le dije: "Débora, lo siento. Actué como un hombre que no conoce a Dios. Por favor perdóname, y permíteme compartir contigo lo que Dios me ha enseñado con esta experiencia". Muy pronto los dos estábamos llorando y abrazándonos. El problema no solamente fue resuelto, sino que Dios nos unió más que antes.

Todo esto ocurría sólo unos meses después de la oración desesperada que elevé mientras conducía por la autopista hacia mi trabajo. Yo había orado: "Señor, llévame de nuevo a los primeros días en que te conocí". Ahora, El estaba haciendo eso y mucho más. Y la llave que abrió la puerta fue *ver el amor de Dios por mí.* "Mas Dios muestra su amor para con nosotros, en que siendo aún pecadores, Cristo murió por nosotros" (Romanos 5:8).

Al examinar mi vida cristiana pasada, esta ilustración parecía describirme: En esos días del principio de mi vida cristiana, yo era como una rama nueva en la vid. No había crecido suficiente, ni era muy maduro, tampoco podía soportar mucho fruto, pero estaba lleno de la vida de la vid: el amor de Cristo. Entonces comencé a crecer. Pero ese crecimiento se caracterizaba por cosas como conocimiento, experiencia, y más conformidad con los creyentes que había alrededor. Era más grande y aparentemente más maduro, pero no había fruto. Me había llenado de conocimiento en lugar de Cristo.

Antes, en las oportunidades evangelísticas, quizás fuera inexperto, pero rebosaba del amor de Cristo y lo compartía con sinceridad. Pero entonces comencé a compartir mi conocimiento, lleno de ilustraciones brillantes y salidas ingeniosas, y me preguntaba adónde se había ido el poder. ¿Por qué no veía los mismos resultados de antes, ahora que mi presentación había llegado a ser más refinada?

De nuevo era como si Dios me estuviese enviando un mensaje: "Tú solías presentarme a *mí* a las personas, Bob. Ahora expones tus conocimientos". Al hallarme absorto en lo que estaba aprendiendo acerca del amor y la gracia de Dios, me di cuenta de que de nuevo presentaba a Cristo animadamente. Y comencé otra vez a ver los resultados.

Me di cuenta de que mis reacciones hacia otras personas comenzaban a cambiar también. Yo siempre he sido un hombre de negocios muy exigente y trabajador, cualidades que había traído conmigo a mi vida cristiana. Pero ahora descubrí afecto, perdón, y ternura hacia mi familia y el personal en la oficina. En otras palabras, comencé a experimentar el amor de Cristo en mi vida y hacia otras personas. La clase de amor que se describe en 1 Corintios 13:

El amor es sufrido, es benigno; el amor no tiene envidia, el amor no es jactancioso, no se envanece; no hace nada indebido, no busca lo suyo, no se irrita, no guarda rencor; no se goza de la injusticia, mas se goza de la verdad. Todo lo sufre, todo lo cree, todo lo espera, todo lo soporta. El amor nunca deja de ser; pero las profecías se acabarán, y cesarán las lenguas, y la ciencia acabará (1 Corintios 13:4-8).

Esta clase de amor no es un sentimiento —es una actitud ejemplificada por ciertas acciones—. Pero aunque durante años había reconocido el amor que presenta 1 Corintios 13 como la medida, nunca estuve cerca de esa experiencia. Pero ahora me daba cuenta de que el amor estaba siendo algo real en mí —sin mucha batalla o esfuerzo consciente—. ¿Cómo sucedió? La idea que Dios me dio fue como el foco que alumbra toda la casa. Vi que 1 Corintios 13 no solamente describe el amor que debemos tener el uno por el otro; me di cuenta de que esta es la descripción de cómo Dios nos ama.

¡Imagínese las implicaciones! ¿Cómo le ama Dios? Ponga "Dios es" en lugar de "el amor es" en el pasaje, y vea lo que hace en su propio corazón.

Dios es siempre paciente contigo. Dios es siempre amable contigo. Dios no tiene envidia, no es jactancioso, El no es arrogante. Dios no te trata con rudeza, El no busca lo suyo, nunca se enoja fácilmente contra ti. Dios no mantiene un registro de las cosas malas que has hecho. Dios no se deleita en el mal, sino que se regocija en la verdad. El siempre te protege, siempre confía en ti, siempre espera lo mejor para ti, siempre está contigo. El amor que Dios te tiene nunca falta.

¿Es esta una aplicación válida? ¡Absolutamente! La Biblia dice, *"Dios es amor"* (I Juan 4:8). Yo he compartido esto con muchos individuos en situaciones de consejería, y he visto abrirse sus ojos maravillados. "¿Quiere decir usted que Dios me ama de *esa* manera?, dicen ellos. Parece demasiado bueno para ser verdad.

El estar aprendiendo del amor de Dios hizo que muchos otros pasajes adquirieran nueva luz:

Un mandamiento nuevo os doy: Que os améis unos a otros; *como yo os he amado,* que también os améis unos a otros (Juan 13:34).

Por tanto, recibíos los unos a los otros, como también Cristo nos recibió, para gloria de Dios (Romanos 15:7).

Sed benignos unos con otros, misericordiosos, perdonándoos unos a otros, como Dios también os perdonó a vosotros en Cristo (Efesios 4:32).

¿Puede ver el tema común? ¿Cómo hemos de amarnos, aceptarnos y perdonarnos en el cuerpo de Cristo? ¡De la misma manera que Dios en Cristo nos ha amado, aceptado, y perdonado! Al ver esto, reconozco que esta es una ley de la naturaleza humana. Ya sea que nos demos cuenta o no, *trataremos a otras personas con la misma medida de amor, aceptación, y perdón que nosotros pensamos (acertada o equivocadamente) que hemos recibido de parte de Dios. Nunca nos amaremos unos a otros con un grado de amor superior al que pensamos que hemos recibido de Dios. En otras palabras, si yo pienso que Dios me ama cuando hago las cosas buenas pero me castiga cuando hago lo malo, ¿cómo cree usted que le voy a tratar? ¡Exactamente igual!*

Yo creo que nunca he conocido a un cristiano que alguna vez en su vida no haya preguntado: "¿Por qué no encontramos más amor en la iglesia?" Para mí esto tiene una simple respuesta: "La razón de que no haya más amor en la iglesia es la falta de entendimiento del amor de Dios en la iglesia". Las personas religiosas pueden llegar a ser muy mezquinas porque (en sus propias mentes) están sirviendo a un Dios mezquino. Esa es la razón por la cual defender el mensaje de la gracia de Dios en contra del legalismo no es ser demasiado quisquilloso acerca de algunos pasajes de la Escritura. Nuestro concepto del amor y la gracia de Dios es un asunto que nos afecta en cada área de nuestras vidas, especialmente nuestras *relaciones*. En mi oficina de consejería, he visto toda clase de problemas familiares y personales relacionados con un falso concepto del amor de Dios.

Gracias a estas ideas, y especialmente a Efesios 3:14-21, finalmente hallé realizado mi empeño de entender lo que significa ser llenos del Espíritu. En este pasaje, Pablo ora por los Efesios para que Dios les conceda "el ser fortalecidos con poder en el hombre interior por su Espíritu" (v. 16). La oración por "poder" me llamó la atención, porque lo que dice más adelante es muy diferente de lo que yo esperaba. Yo siempre había orado por poder para *hacer* las cosas. Pero Pablo implica que nosotros necesitamos el poder para algo más:

[Oro] que habite Cristo por la fe en vuestros corazones, a fin de que, arraigados y cimentados en amor, seáis plenamente capaces de *comprender ... cuál sea la anchura, la longitud, la profundidad y la altura, y de conocer el amor de Cristo, que excede a todo conocimiento,* para que seáis llenos de toda la plenitud de Dios (Efesios 3:17-19).

¿Para qué necesitamos el poder? ¡Para comprender el amor de Cristo! ¿Y cuál es el resultado de conocer el amor de Cristo que "excede a todo entendimiento"? ¡Que seremos "llenos de toda la plenitud de Dios"! Aquí hallaba, por fin, la respuesta que yo estaba buscando, una explicación práctica de lo que significa ser llenos del Espíritu: *Ser llenos del Espíritu es ser totalmente lleno del conocimiento del amor y gracia de Dios en Jesucristo.*

¡Cuán práctico es! Sacado de su contexto, el mandamiento en Efesios 5:18 de ser "llenos del Espíritu" suena místico y aun mágico. Pero dos capítulos antes, Pablo nos dijo lo que significaba. En 5:18 la comparación con estar borracho con vino, como muchos lo han expresado, muestra que estar "llenos" significa estar bajo la influencia de algo al punto de ser controlado por ello. Si usted está lleno de vino, ¿qué le controla? El vino. Si usted está lleno de ira, ¿qué le controla? La ira. Si usted está lleno del conocimiento de la gracia y el amor de Dios, ¿qué le controla? ¡El amor de Dios! Y cuando está lleno del amor de Dios no hay nada que le detenga de derramarlo en otras personas.

El amor de Dios en nuestros corazones causa una reacción que es irresistible, como la música a nuestros cuerpos. Presentar nuestras mentes y cuerpos a un Señor que mora en nuestros cuerpos y que nos ama perfectamente, resulta un gozo. La vida cristiana no se considera artificial cuando la mente se llena de la gracia de Dios; resulta muy natural por vez primera.

Esto no significa que no haya ninguna batalla o necesidad de ejercitar nuestras voluntades. Todavía "el deseo de la carne es contra el Espíritu, y el del Espíritu contra la carne; y éstos se oponen entre sí, para que no hagáis lo que quisiereis" (Gálatas 5:17). La carne continúa enviando mensajes a nuestras mentes, apelando al temor, a la ira, a la concupiscencia, y al egoísmo, pero nosotros no debemos vivir en servidumbre a estas cosas. También se nos da la respuesta de Dios: "Digo, pues: Andad en el Espíritu, y no satisfagáis los deseos de la carne" (Gálatas 5:16).

Este versículo es tan importante por lo que *no* dice como por lo que *sí dice*. *Note que no dice que los deseos de la carne desaparecerán. Mientras vivamos en cuerpos caídos, sentiremos esa influencia. Tampoco dice: "Limpiad la carne, y entonces seréis espirituales". Me parece que la inmensa mayoría de la enseñanza cristiana dice esto mismo. Eso nunca funciona.*

Número uno, usted puede trabajar toda su vida y nunca lograr limpiar la carne. Cristo no vino para mejorar la carne; El vino para ejecutarla y darnos nueva vida. Tratar de limpiarnos sería regresar a la ley —el ejercicio máximo en la futilidad—. Número dos, (usando la ilustración que presenté al principio del capítulo) este error de limpiarnos es como decir: "Si usted zapatea y chasca los dedos adecuadamente, oirá la música". No. Dios desea que escuchemos Su música —el mensaje de Su amor y aceptación incondicionales— y que *entonces* respondamos a lo que oímos.

El amor de Dios al obrar en nuestros corazones trata con nosotros en un nivel de sensibilidad que ni la ley ni la disciplina personal pueden alcanzar. Una ilustración que me enseñó esto personalmente fue un incidente con mi hijo Bob, cuando tenía unos diez años de edad.

Un día yo estaba leyendo la Biblia en mi oficina, y disfrutando de un buen tiempo con Dios. Cuando estaba orando por algunas cosas, mentalmente le pedí a Dios: "Señor, quiero ser la clase de persona que tú deseas que yo sea. Si hay algún área que está mal y de la cual no estoy consciente, por favor muéstramela. Me quedé atónito por lo que vino a mi mente.

Cada domingo después del servicio de la iglesia, teníamos el hábito de familia de salir a almorzar. Cada semana, comenzaba como un ameno tiempo en familia. Pero parecía que siempre terminábamos con alguna clase de tensión. Comencé a preguntarme el porqué. Al pensar en esos almuerzos, me imaginé una escena que había ocurrido muchas veces. Bobby disfrutaba cuando íbamos a los restaurantes. A él especialmente le gustaba ordenar cualquier cosa que fuese "de lujo". Y eso a mí me irritaba. Parecía que Bobby no podía ordenar una hamburguesa sencilla; tenía que pedir una de lujo. Por supuesto, esa era la más cara del menú. Cada vez yo lo regañaba, y eso creaba una atmósfera muy tensa en el grupo.

Esa fue una de las ocasiones en las que, aunque no había una voz audible, parecía que Dios y yo sosteníamos una conversación en mi mente. El me preguntó: "Bob, ¿cuánto *quieres* que Bobby gaste en el almuerzo? ¿Con cuánto te contentarías?"

"Yo no sé Señor, quizás $2.25".

"Bob, ¿cuánto vale la hamburguesa de lujo?"

"Bueno, más o menos $2.75".

"¿Cuantas veces al año salen a almorzar juntos?"

Yo pensé. "Creo que unas cincuenta veces, si fuésemos cada semana".

"¿Por qué no calculas cuánto es la diferencia?"

Lo hice. Tomé un pedazo de papel y multipliqué la diferencia por los almuerzos dominicales en el año. Eran unos $25. Me quedé mirando fijamente el papel. Me sentí avergonzado y estúpido. No necesitaba una voz audible para conocer el meollo de esa conversación.

"Bob, estás hiriendo los sentimientos de tu hijo, a quien amas más que cualquier cosa en el mundo, y arruinando tu relación con él por la bagatela de $25 al año".

Sin vacilar, me levanté y fui a la casa. Reuní a Amy, Débora y Bobby en la sala. Les dije: "En mi devocional, Dios me ha mostrado algunas cosas de las cuales les quiero hablar. Especialmente a ti, Bobby.

"¿Tú sabes el mal rato que te hago pasar cuando salimos juntos a almorzar? ¿Cómo te digo que 'tú no sabes para qué es el lado derecho del menú'?" El asintió con su cabeza. "Bobby, cuando yo te grito porque seleccionas las cosas más caras en el restaurante, ¿eso hiere tus sentimientos?" El no dijo nada, pero grandes lágrimas salieron de sus ojos, y su labio empezó a temblar.

"Lo había olvidado durante mucho tiempo, pero Dios me recordó algo esta mañana. Cuando yo tenía tu edad, mi papá me hacía lo mismo. Yo tampoco sabía para que servía el lado derecho del menú. Y me hería mis sentimientos también, y aquellas comidas familiares no resultaban tan agradables como se esperaba.

"Bobby, quiero que sepas que estoy arrepentido. Yo te amo mucho, y te digo en este momento que si quieres una hamburguesa de lujo, puedes pedirla. Y ya no voy a molestarte por eso". Nos abrazamos, y ese fue el final del asunto.

Estoy seguro de que para muchos, esta es una ilustración trivial. ¿Qué importancia puede tener una decisión acerca de una hamburguesa? Pero el problema no era la hamburguesa o el menú. Era una relación de amor. ¿Qué ley podría haber resuelto esta situación? Ninguna, excepto la ley del amor.

Cuando la Biblia dice que nosotros ya no estamos bajo la ley, no significa que hemos quedado sin norma alguna. Realmente estamos bajo una norma *superior*, llamada en las Escrituras "la ley de Cristo" (Gálatas 6:2) y "la ley de la libertad" (Santiago 1:25).

Bajo la gracia, Dios nos dice por medio del apóstol Pablo:

Porque vosotros, hermanos, a *libertad* fuisteis llamados; solamenmte que no uséis la libertad como ocasión para la carne, sino *servíos por amor los unos a los otros.* Porque toda la ley en esta sola palabra se cumple: Amarás a tu prójimo como a ti mismo (Gálatas 5:13-14).

Esta es nuestra norma, y es de veras una norma superior a la de la conformidad exterior a reglamentos. Romanos 13:10

lo resume: "El amor no hace mal al prójimo; así que el cumplimiento de la ley es el amor.

Fue Cristo quien dijo: "No penséis que he venido para abrogar la ley o los profetas; no he venido para abrogar, sino para *cumplir"* (Mateo 5:17). Y El cumplió la ley; no por lo que *no hizo,* sino por lo que *hizo* —vivió una vida de amor perfecto.

El Señor Jesucristo dijo: "En esto conocerán todos que sois mis discípulos, si tuviereis amor los unos con los otros" (Juan 13:35).

Hay sólo una manera de que esto ocurra: debemos recibir primero el amor y la gracia de Dios —sintonizar la "música"— o no tendremos nada que dar. Pero si recibimos el amor de Dios y somos canales de ese amor para otros, podemos andar con la seguridad de que estamos cumpliendo el mayor propósito de Dios en nuestras vidas diarias, porque El mismo fue quien dijo: "Como yo os he amado, que también os améis unos a otros" (Juan 13:34).

12

Libertad en dependencia

Jorge había sido ciego la mayor parte de su vida debido a su diabetes, cuando asistió a una de nuestras conferencias de entrenamiento hace algunos años. Había sufrido varias operaciones, y su delicada salud era siempre una carga, pero esa no era la causa de su mayor batalla. Su mayor dolor era emocional, por creer que Dios le había rechazado.

"¿Por qué piensas de esa manera?", yo quise saber. Al hablarme de su pasado y de las enseñanzas que había recibido, me fue difícil contener la ira. El principio de "la verdad os hará libres pero el error esclaviza" no es cosa de juego. El error estaba causándole terrible dolor a un joven sensible y afectuoso que ya tenía bastantes cargas reales en su vida, sin que le añadieran a éstas la enseñanza falsa.

En su iglesia, me dijo, ponían un gran énfasis en la fe. "Si usted tiene fe, puede hacer cualquier cosa", era la actitud continuamente expresada. El pastor de Jorge al predicar decía cosas como: "Si usted tiene cáncer y muere, ¡es por su propia culpa! No tiene suficiente fe".

Pero ellos no se conformaban con pronunciamientos generales ridículos como esos. Cada semana cuando Jorge entraba en la iglesia, alguien le colocaba un himnario en las manos. No por error —¡deliberadamente!—. Vez tras vez, en tono muy piadoso, le decían: "Quizás hoy, Jorge, tendrás suficiente fe para ver. Tal vez hoy tendrás fe para que Dios te sane". Pero, por más que Jorge tratara de tener fe, nunca fue sanado.

Tras "no tener suficiente fe" durante muchos años, Jorge era un hombre derrotado y sin esperanza. Después de todo, se le había enseñado que *el tamaño de la fe de uno* determina si ha de conseguir lo que le está pidiendo a Dios. Si usted no lo recibe, ¿a quién tiene que culpar? Sólo a usted mismo. Y eso fue lo que él hizo. Obviamente, Dios debía de odiarle, pensó, porque él era "un hombre de poca fe".

¿Es eso fe? No. Lo que a Jorge le enseñaron no tenía nada que ver con la fe. Pero él no es el único. Miles de cristianos están atrapados en la misma enseñanza errónea en que Jorge estaba. Otros miles luchan, habiendo oído que "la vida cristiana se vive por fe", pero no tienen la menor idea de cómo hacerlo.

Yo batallé con lo mismo durante años, a pesar de haber estado confiadamente enseñando a otros acerca de la fe. A menudo citaba Colosenses 2:6: "De la manera que habéis recibido al Señor Jesucristo, andad en él", y les preguntaba: "¿Cómo recibieron a Cristo? Por fe. Por lo tanto, ¿cómo deben continuar caminando con El? De la misma manera: por fe". Yo tenía razón, pero, sinceramente, no entendía en realidad lo que estaba diciendo.

Es imposible leer la Biblia, aun a la ligera, y pasar por alto el hecho de que la fe es de crucial importancia —especialmente cuando leemos declaraciones como: "Todo lo que no proviene de fe, es pecado" (Romanos 14:23), y: "Sin fe es imposible agradar a Dios" (Hebreos 11:6). De modo que todos estamos de acuerdo en lo importante que es vivir por fe. Pero permanecían las preguntas inquietantes: ¿Qué *significa* vivir por fe?, y: ¿Cómo usted lo *hace*?

Para comenzar, al igual que con otros temas, a menudo conviene empezar con la falsificación de lo que es la verdad, en otras palabras, lo que *no* es fe.

La fe no es un sentimiento. Como vimos en el capítulo 2, las emociones son las reacciones a lo que estamos pensando. Las emociones vienen y van. La Biblia habla muy poco acerca de lo que debemos *sentir*, pero dice mucho acerca de lo que debemos *hacer.* Muchos asocian con la fe la sensación de hormigueo que experimentan en un servicio de iglesia inspirador. Y es allí donde tienden a hacer toda clase de resoluciones y compromisos con Dios. Pero cuando el servicio finaliza, la música termina, y regresan a la casa, vuelven a la realidad. Ya que el estímulo no está allí, los sentimientos desaparecen también. El resultado de depender de los sentimientos religiosos es una experiencia de sube y baja que conduce a la frustración y la esclavitud. El ejercicio de la fe podría resultar en *sentimientos,* pero el sentimiento mismo no es fe.

Fe no es asentimiento intelectual a una doctrina. A veces caemos en la trampa de simplemente tratar de que los cristianos se adhieran a una la misma posición doctrinal. Comenzamos, pues, a creer que la fe es un asunto del intelecto. Este es precisamente el error a que Santiago se refiere en su carta: "Tú crees que Dios es uno; bien haces. También los demonios creen, y tiemblan" (Santiago 2:19). En un sentido ¡aun Satanás tiene buena doctrina! El sabe quién es Dios, conoce de la Trinidad, y sabe que Cristo murió por nuestros pecados, resucitó, y está sentado a la diestra del Padre. Pero, ¿está él en buena relación con Dios? De ninguna manera. Hay, ciertamente, un aspecto intelectual en la fe —se necesita información verdadera para ejercer fe—, pero asentimiento intelectual no es en sí mismo fe.

La diferencia entre la creencia intelectual y la fe verdadera puede explicarse con una ilustración que a menudo uso en la enseñanza. De pie detrás del podio, señalo a una silla y digo: "Yo puedo decirles sinceramente que creo de todo corazón que esa silla me sostendrá si me siento en ella. Muy seriamente, no hay indicio alguno de duda en mi mente de que esa silla es digna de confianza. Esa es la verdad. *Pero no estoy ejerciendo lo que la Biblia llama fe en esa silla.* La palabra fe en la Biblia incluye los elementos de dependencia y confianza. Aparte de lo que pienso intelectualmente, no estoy haciendo lo que la Biblia llama fe hasta que me siento en la silla". Por lo tanto la fe siempre implica una *decisión de la voluntad* para actuar basado en lo que la mente cree que es verdad. Creer que la silla puede sostenerme no es lo mismo que sentarme en ella. La fe siempre responde a la verdad con acción.

La fe no es un poder para manipular a Dios. La historia de Jorge es un ejemplo de este error. Lo que sus maestros llamaban "fe" no era fe en manera alguna. Era *presunción*. La diferencia es mayúscula. En la fe verdadera Dios es siempre el de la iniciativa, y el hombre el que reacciona. En otras palabras, Dios dice que algo es verdad, o hace una promesa, y yo respondo por actuar basado en ella, dependiendo de El para los resultados. Sin embargo, en la presunción el orden es lo opuesto: El hombre asume el papel de iniciador y trata de usar la "fe" como un poder para obligar a Dios a responder. Las "banderas rojas" que le advertirán a usted de la presunción son el énfasis en la fe como "poder" o el que se haga hincapié en la *cantidad* de fe.

La verdad es que, *no hay poder en la fe misma; el valor de la fe se halla solamente en su objeto.* La fe es como tragar. Alguien podría decir: "Tragar le capacita para vivir", y eso suena bien al principio. Pero usted también puede tragar y morir. No es el tragar lo que le permite vivir; tragar alimento sí. Pero usted puede tragar veneno y morir, con el empleo del mismo mecanismo que usa para tragar alimento y vivir. De la misma manera, la fe no nos salva. Fe en *el Señor Jesucristo* sí salva.

Otra manera de verlo es por comparar la fe al pedal de un automóvil. Imagínese que usted sea dueño de un nuevo auto deportivo, y me lleve a dar un paseo. Allí vamos, "disparados" por la autopista al hacer usted alarde de las condiciones de su máquina maravillosa. Yo apenas puedo contenerme y exclamo: "¡No puedo creerlo! ¡Qué pedal! ¡Qué tremendo pedal!"

¿Qué pensaría usted de mí? Que estoy chiflado, ¿no es cierto? No era de esperarse que yo admirara el pedal. Lo lógico era que el objeto de toda mi admiración fuera el potente motor. No hay poder alguno en el pedal; éste solamente transfiere el poder del motor a las llantas. Así es la fe. No hay poder en la fe misma. *¡El poder es Dios!* Todo lo que hace la fe es conectar el poder de Dios a nuestra humanidad. Es por eso que el tamaño de nuestra fe no es lo que importa. La gente a menudo ve nuestro ministerio y dice cosas como: "Usted debe de ser un hombre de una fe grande". A lo que yo respondo: "Yo no tengo una fe grande, sino un Dios grande". Cuando uno tiene un Dios grande, no necesita mucha fe— sino la suficiente para confiar en Su Palabra. Por eso el Señor Jesucristo enseñó: "Si tuvierais fe como un grano de mostaza, podríais decir a este sicómoro: Desarráigate, y plántate en el mar; y os obedecería" (Lucas 17:6).

El tamaño de fe de alguno no es importante. Lo importante *es* la voluntad de Dios. Lo que el Señor está diciendo es que si es la voluntad de Dios (como el iniciador) que usted mueva el árbol, todo lo que necesita para lograrlo (como el que responde) es la fe para emitir la orden. La cuestión importante siempre es: "¿Qué ha dicho Dios?" Nuestra fe debiera ser la misma que ejemplificó Abraham, quien estaba "plenamente convencido de que era también poderoso para hacer todo *lo que [Dios] había prometido"* (Romanos 4:21).

En el error que Jorge estaba, Dios llega a ser prácticamente como un genio en una botella, que hará todo lo que el hombre le diga con tal que sepa las fórmulas precisas. La presunción realmente se aproxima más a la magia que a la fe bíblica.

Yo he estado colocando un entendimiento fundamental al cual debemos adherirnos fielmente aun para comenzar a hablar acerca de lo que es vivir por fe. Pero para un ejemplo de cómo llevar la fe verdadera a la vida práctica, no necesitamos mirar más allá de nuestro Señor Jesucristo mismo. En mi propia vida, llegar a entender esta verdad fue una de las más significativas "piezas que faltaban en el rompecabezas" que Dios compaginó por mí.

Cuando acepté a Cristo, y durante mucho tiempo después, la verdad dominante en mi mente era el hecho de que Jesucristo es Dios. Esa verdad ha cambiado mi vida, y me he aferrado a ella tenazmente. Sin embargo, había cosas que no podía explicar. Una noche, un par de testigos de Jehová prácticamente me atraparon con objeciones tocante a la deidad de Jesús. Me hicieron preguntas como estas: "Si Jesús era Dios, ¿a quién le oraba? ¿Por qué se cansó y tuvo hambre? ¿Cómo pudo morir? Hay versículos en los Evangelios en los cuales Jesús dice que el Padre es mayor que El, y lugares donde dice que El no sabía ciertas cosas. Por lo tanto, ¿cómo puede ser Dios?"

En esa ocasión, a pesar de que conocía las Escrituras relacionadas con la deidad de Cristo, no pude contestar esas preguntas. En mi celo por mantener esas verdades de la deidad, dejé de ver claramente (y me sentí un poco amenazado por) Su humanidad. Por ejemplo, 1 Corintios 15:45,47 dice:

> Así también está escrito: Fue hecho el primer hombre Adán alma viviente; el postrer Adán, espíritu vivificante.... El primer hombre es de la tierra, terrenal; el segundo hombre, que es el Señor, es del cielo.

Jesús siempre ha sido, es y será Dios. Su deidad no ha disminuido ni una jota. Tenía esa verdad bien establecida. Pero pasé por alto el hecho de que en la tierra *El no vivió como Dios.* Durante sus treinta y tres años, vivió como el *hombre* perfecto, el segundo Adán. Por lo tanto, desde el punto de vista de Dios, Jesucristo fue el primer hombre verdadero que viviera sobre la tierra desde que Adán cayó. ¿Por qué? El poseía vida espiritual. Y al estar vivo espiritualmente, vivió cada día en total dependencia de su Padre para vivir por medio de El. Cada día Jesús presentaba Su humanidad a su Padre como vehículo para expresar la vida de Dios al mundo. Como resultado, podía decir: "El que me ha visto a mí, ha visto al Padre" (Juan 14:19). ¡Por primera vez en miles de años, Dios podía ser visto en un hombre!

Para alguien como yo que se había especializado en la deidad de Cristo (y debemos hacerlo), era un pensamiento extraño que Cristo no viviera en esta tierra como Dios. Pero escuche sus propias palabras:

> Felipe le dijo: Señor, muéstranos el Padre, y nos basta. Jesús le dijo: ¿Tanto tiempo hace que estoy con vosotros, y no me has conocido, Felipe? El que me ha visto a mí, ha visto al Padre; ¿cómo, pues, dices tú: Muéstranos el Padre? ¿No crees que yo soy en el Padre, y el Padre en mí? Las palabras que yo os hablo, no las hablo por mi propia cuenta, sino que *el Padre que mora en mí, él hace las obras* (Juan 14:8-10).

Sin negar jamás su deidad, Jesucristo vivió en la tierra exactamente de la misma manera que Dios quiere que cada hombre viva. "¿Pero qué acerca de sus milagros?", muchos preguntan. La respuesta, por muy extraña que suene al principio, es que Jesucristo nunca hizo un milagro simplemente porque El fuera Dios, aunque era Dios. Cada milagro ejecutado por Cristo fue hecho por Dios el Padre obrando a través de El en su papel del hombre perfecto.

El testimonio y la actitud invariable de Jesús fue: *"No puedo hacer nada por mí mismo"* (Juan 5:30). El habló de "las obras que el Padre me dio para que cumpliese" (Juan 5:36). El explicó: "Porque yo no he hablado por mi propia cuenta; el Padre que me envió, él me dio mandamiento de lo que he de decir, y lo que he de hablar" (Juan 12:49). Una y otra vez enfatizó que estaba viviendo una vida de total dependencia de su Padre.

¿Qué significa esto para usted y para mí? La noche antes de su crucifixión, Jesús les dijo a sus discípulos que, después de su partida, les enviaría el Espíritu Santo:

> Y yo rogaré al Padre, y os dará otro Consolador, para que esté con vosotros para siempre: el Espíritu de verdad,

al cual el mundo no puede recibir, porque no le ve, ni le conoce; pero vosotros le conocéis, porque *mora con vosotros, y estará en vosotros.* No os dejaré huérfanos; vendré a vosotros... porque yo vivo, vosotros también viviréis (Juan 14:16-19).

El Señor les explicó que por medio del Espíritu Santo, *El viviría en y a través de ellos de la misma manera que el Padre había vivido en El:* "En aquel día vosotros conoceréis que yo estoy en mi Padre, y *vosotros en mí, y yo en vosotros*" (v. 20).

Jesucristo dio su vida *por* nosotros, a fin de que El pudiese dar su vida *a* nosotros, y así vivir su vida *a través* de nosotros. Eso constituye todo el Evangelio expresado en pocas palabras. Durante sus treinta y tres años El demostró la vida de dependencia (fe) para la cual Dios había diseñado al hombre. Luego fue a la cruz, llevando sobre sí mismo el castigo por nuestros pecados y para quitar la culpa delante de un Dios santo. Pero eso no es todo. Se levantó de los muertos, y El ahora le da a todo aquel que cree la misma vida resucitada, con lo que restaura en el hombre ¡la habilidad de participar de la la vida de Dios y expresarla!

La vida de Cristo en nosotros se manifiesta en nuestra experiencia diaria cuando vivimos como El vivió, por fe —esto es, en total dependencia de Dios que vive en nosotros.— Pero "una vida de total dependencia" es un concepto que a la gente le es difícil de comprender. La mejor explicación que he escuchado fue expresada por el alcalde Ian Thomas en lo que el llama el "triple engranaje". Una vida de fe es *nuestro amor por Dios,* que resulta en *dependencia de Dios,* lo cual a su vez resulta en *obediencia a Dios.*

Este patrón se ve claramente en la vida de Jesucristo. El primero y grande mandamiento de la ley era: "Amarás al Señor tu Dios con todo tu corazón, y con toda tu alma, y con toda tu mente" (Mateo 22:37). Solamente Cristo ha cumplido ese mandamiento. Cada momento de su vida terrenal, Jesús amó al Padre. Como resultado de ese *amor,* El vivió la vida de total *dependencia* que ya hemos visto: "No puedo yo hacer nada por mí mismo" (Juan 5:30). Su actitud de perfecta rendición podría sólo resultar en una vida de perfecta *obediencia*, que llegó al clímax en el huerto de Getsemaní donde, aun ante al horror de la cruz y la carga de nuestros pecados que veía venir, El oró: "Padre, si quieres, pasa de mí esta copa; *pero no se haga mi voluntad, sino la tuya"* (Lucas 22:42).

Como hijos amados, hemos sido llamados a vivir conforme al mismo patrón del Señor Jesús: *amor por* Dios, que resulta en *dependencia* de Dios, que a su vez resulta en *obediencia a* Dios. Sólo cuando abrazamos la vida cristiana en este orden experimentamos la verdadera libertad y vida que Dios ha planeado para nosotros, y es la única forma de obedecer a Dios de acuerdo a su voluntad. Lamentablemente, mucha de la enseñanza cristiana a través de la historia y en la actualidad ha tenido el propósito de que los cristianos vivan obedientemente, mientras pasan por alto la necesidad de amor y dependencia. Eso nunca dará resultado.

Aparte de un corazón que esté aprendiendo a amar a Dios, no tendremos otra *motivación* para obedecer que abyecto temor al castigo. Por otro lado, aparte de un entendimiento de lo que significa vivir dependientemente —es decir, por fe—, nunca tendremos *habilidad* alguna para vivir obedientemente, y estaremos listos para la "experiencia de Romanos 7": "No hago lo que quiero, sino lo que aborrezco, eso hago" (Romanos 7:15). La falta de entendimiento en cualquiera de estas áreas —el amor como nuestra motivación o la dependencia como la fuente de poder— conduce inevitablemente a un regreso a la ley. Si usted se ha preguntado alguna vez por qué la vida y la moral de los cristianos en muchos casos no superan el nivel del mundo, esta es la razón. Aparte del patrón de Dios, no tenemos motivación o poder para la obediencia verdadera.

Muy bien, pero entonces, ¿cómo aprendemos a amar a Dios? De eso precisamente trata este libro. Como lo he dicho en distintas maneras, no tenemos habilidad en nosotros mismos para producir amor por Dios; no importa cuánto queramos, o

168 / CRISTIANISMO CLASICO

pensemos que es nuestro deber. La Biblia lo afirma claramente: "En esto consiste el amor; *no en que nosotros hayamos amado a Dios, sino que El nos amó a nosotros,* y envió a su Hijo para que apartara su ira por llevar nuestros pecados" (1 Juan 4:10, traducido en otras palabras). *Debemos recibir el amor y aceptación incondicionales de Dios antes que seamos capaces de aprender a amarle en reciprocidad.* "Nosotros le amamos a él, porque él nos amó primero" (1 Juan 4:19).

Este es el mensaje del amor y la gracia incondicionales de Dios —perdón, justificación, aceptación, y vida completos— que El nos da gratuitamente en Jesucristo y transforma nuestros corazones y vidas.

Pues si por la transgresión de uno solo [Adán] reinó la muerte, *mucho más reinarán en vida por uno solo, Jesucristo, los que reciben la abundancia de la gracia y del don de la justicia* (Romanos 5:17).

Esa es nuestra motivación.

¿De dónde proviene nuestro poder? Jesús usó una ilustración sencilla para describir nuestra vida en El: "Yo soy la vid, vosotros los pámpanos; el que permanece en mí, y yo en él, éste lleva mucho fruto; porque separados de mí nada podéis hacer" (Juan 15:5). Jesús dijo que El es la vid y nosotros los pámpanos. Piense en la función del pámpano. ¿*Produce* el pámpano fruto, o lo *lleva*? ¡*Lleva* fruto! Si usted cortara un pámpano de la vid y lo dejara en el suelo, ¿cuánto fruto daría? Ninguno. No hay poder en el pámpano para producir el fruto. Es un "portafrutos". Sin embargo, un pámpano puede llevar tremenda cantidad de fruto al hacer aquello para lo cual fue creado: permanecer en la vid y permitir que la vida de la vid fluya a través de él.

Note otras cosas acerca de los pámpanos que permanecen en la vid. Ellos no están trabajando duro. No están "quemándose"; tampoco están a punto de "renunciar a su posición en la vid". A propósito, ni siquiera están concentrándose en *sí mismos*, o en *el fruto*. De todos modos, de nada les valdría.

Los pámpanos dependen totalmente de la vid para producir. La única preocupación de un pámpano debe ser recibir momento tras momento la vida de la vid.

¿Qué le dice eso acerca de la vida cristiana? ¡No es responsabilidad de usted ni mía *producir* la vida cristiana! No podemos producirla —solamente Cristo puede—. Nuestra responsabilidad es mantener una actitud dependiente y receptiva —la misma actitud de disponibilidad que Jesús tuvo delante de su Padre durante 33 años—, y Cristo producirá el fruto de su vida en nosotros: las mismas cualidades descritas como "el fruto del Espíritu" en Gálatas 5:22-23. Es la actitud de decir: "Señor, yo no puedo, pero tú sí".

Los cristianos de todas las esferas están de acuerdo en que la obediencia a Dios es la meta anhelada. Son los *medios* para obtener esa obediencia —la cuestión de "cómo va usted a lograrlo"— lo que constituye el problema. Dios ha hecho claro en su Palabra que la obediencia legalista sin un corazón rendido carece de valor ante El. Dos veces Jesús cita a Oseas 6:6: "Porque misericordia quiero, y no sacrificio, y conocimiento de Dios más que holocaustos". En ambos casos era una respuesta a aquellos que deseaban guardar la letra de la ley, pero pasaban por alto el espíritu de la misma. Por medio del apóstol Pablo, El nos dice el camino verdadero:

> Así que, hermanos, os ruego por las misericordias de Dios, que *presentéis vuestros cuerpos en sacrificio vivo,* santo, agradable a Dios, que es vuestro culto racional. No os conforméis a este siglo, sino *transformaos por medio de la renovación de vuestro entendimiento,* para que comprobéis cuál sea la buena voluntad de Dios, agradable y perfecta (Romanos 12:1-2).

Pablo describe una actitud de rendición total. La motivación que él ofrece es "en vista de la misericordia de Dios". ¿Qué es eso? El amor y gracia de Dios que él ha estado exponiendo en los once capítulos anteriores! Ahora, dice él, la cosa más razonable y lógica que usted puede hacer es ofrecerte sin reserva alguna al Dios que te ama más allá de lo que puedes comprender.

Note por favor, que él no está hablando de compromiso. Compromiso y entrega son dos cosas diferentes. Compromiso es lo que prometo hacer para Dios. Entrega es colocar mi vida en sus manos para que El haga como desee. Es como aquellas escenas de la Primera Guerra Mundial que se ven en el cine: Un furioso combate se libra en las trincheras; las bombas estallan y rugen los cañones. Entonces, una banderita blanca en lo alto de un palo se ve agitarse desde una trinchera. "¡Nos rendimos!", están queriendo decir. "Hagan con nosotros lo que quieran. Estamos desesperados y cansados de estar desesperados y cansados". Esa rendición total de renunciar a todo es de lo que Pablo está hablando. ¡Pero nosotros no estamos rindiéndonos a un enemigo! Nos rendimos a un Dios amoroso, que toma nuestras vidas y en su sabiduría y control perfectos se encarga de ellas. ¿Por qué hemos de vacilar, una vez que hemos sabido del amor que El tiene por nosotros?

Después de exhortarnos a adoptar esta actitud, la primera cosa que el apóstol menciona es: "Transformaos por medio de la renovación de vuestro entendimiento". En otras palabras, permita que Dios comience a enseñar Su verdad a la mente de usted para que la verdad reemplace el error del entendimiento natural. Basado en la palabra de Dios, comience a verse a sí mismo y a la vida desde la perspectiva de Dios, y no desde el punto de vista humano. Por eso he dedicado tanto espacio a la identidad del creyente en Cristo. Saber quién es usted es esencial. Debe saber que usted es "mariposa" antes que tenga sentido alguno pensar en volar.

Una de las cosas más fundamentales que rendimos a Cristo es toda *demanda de derechos personales*. No me refiero a nuestros derechos civiles, como el derecho a votar. Estoy hablando de cosas que tendemos a demandar de la vida —tales como el derecho a la felicidad, a sobresalir, a que la vida sea más justa, a ser apreciado, y el derecho a salirnos con las nuestras.

Hay una razón muy sencilla para que esto sea así: *Usted no puede reclamar sus derechos y a la vez mantener un espíritu de gratitud.* La esencia de una vida de fe es un corazón agradecido. Ese es el hilo que corre a través de toda la Biblia, Antiguo y Nuevo Testamentos. Esto se expresa concisamente en un solo versículo, 1 Tesalonicenses 5:18: "Dad gracias en todo, porque esta es la voluntad de Dios para con vosotros en Cristo Jesús".

Muchas veces he aconsejado a algunos que experimentan mucha ansiedad sobre una decisión. "¿Cuál es la voluntad de Dios para mí en esta situación?", me preguntan.

Yo les contesto: "No estoy seguro de cuál sea la voluntad de Dios en tu caso, pero una cosa sé: Es la voluntad de Dios que des gracias en esta situación".

¿Por qué habrá dicho Dios que demos gracias en todo, aun en las circunstancias malas? Porque el hacerlo es una expresión concreta de nuestra fe en Dios —de que nuestras vidas están en sus manos, y de que confiamos en El para el cumplimiento de su promesa de Romanos 8:28: "Y sabemos que a los que aman a Dios todas las cosas les ayudan a bien, esto es, a los que conforme a su propósito son llamados"—. El resultado de confiarle nuestra vida a Dios y de expresar esa fe con acciones de gracias constituyen una libertad y una paz que son sobrenaturales:

Por nada estéis afanosos, sino sean conocidas vuestras peticiones delante de Dios en toda oración y ruego, *con acción de gracias.* Y la paz de Dios, que sobrepasa todo entendimiento, guardará vuestros corazones y vuestros pensamientos en Cristo Jesús (Filipenses 4:6-7).

El mayor ejemplo de los que yo he sido testigo referente a esta verdad en acción es la historia de un joven matrimonio, llamados Reed y Marian. Reed era uno de varios padres que llevaban un grupo de niñas a un campamento en Oklahoma. Antes de salir de su casa en Dallas, su hija de 6 años, Wendy, preguntó: "Mamá, ¿Puedo ir en el otro vehículo con mi amiguita? Ella no tiene quien la aconmpañe". Marian le dio permiso, y el grupo partió. Estaba lloviendo y las calles estaban resbalosas. Antes que el grupo fuera muy lejos, el vehículo en el cual iba Wendy perdió control. El conductor trató de dominar la situación, pero el remolque que llevaban tiró hacia un lado. Cruzando la línea divisoria, se pasaron al otro lado de la carretera en dirección opuesta al flujo del tránsito. Milagrosamente, en el accidente de 26 vehículos, la lesión más grave fue la de una niña que se quebró un brazo; es decir, exceptuando a Wendy. Wendy fue lanzada fuera del automóvil y murió instantáneamente.

Sólo unas semanas después, yo viajaba con Reed en un coche fúnebre. Esta vez, él era uno de los portadores del féretro de uno de sus amigos más íntimos, Esteban, que había muerto de cáncer a la edad de treinta y dos años. Para sorpresa mía, Reed, como de costumbre, estaba sonriente, y su habla era suave como siempre, aunque sus ojos estaban llenos de lágrimas. A pesar de todo, parecía que estaba muy bien.

"Bueno, Reed", le dije suavemente: "Me parece que has tenido bastante de esto para que no lo olvides por largo tiempo".

Reed se sonrió y dijo: "Seguro que sí".

"Dime", le pregunté: "¿Cómo la estás pasando? ¿Cómo has aprendido a enfrentar la muerte de tu hija Wendy?"

"Te hablaré de eso", me dijo. "Marian y yo lo vemos de esta manera: ¿Qué si Dios hubiese venido a nosotros hace seis años y nos hubiera hecho una oferta?: 'Reed y Marian, yo tengo una niña, hija mía, llamada Wendy. Ella solamente va a estar en la tierra seis años. Pero necesito quienes la amen, la cuiden, y le enseñen acerca de mí esos seis años. Después de ese tiempo la recogeré para que esté conmigo. De modo que pregunto: ¿Les gustaría que yo se las diera, entendiendo que esas son las condiciones?' Marian y yo habríamos dicho: '¡Claro, Señor, la recibimos!'

"Y eso es lo que sentimos que Dios ha hecho. El siempre supo que Wendy iba a estar con nosotros solamente seis años.

De modo que, nosotros hemos escogido estar agradecidos por cada uno de esos seis años que Wendy enriqueció nuestras vidas. La extrañamos muchísimo. Hemos llorado, y sé que derramaremos muchas lágrimas aún. Pero sabemos que la veremos otra vez, y damos gracias a Dios por ello".

¡Qué actitud! Ante una gran pérdida, un corazón agradecido. Un corazón agradecido que ha rendido todos sus derechos a un Dios soberano y amoroso. A causa de su reacción de fe, esa joven pareja ha disfrutado de paz. ¿Una tragedia? ¡Sí! Pero ellos han descubierto la realidad de Romanos 8:38-39:

> Por lo cual estoy seguro de que ni la muerte, ni la vida, ni ángeles, ni principados, ni potestades, ni lo presente, ni lo por venir, ni lo alto, ni lo profundo, ni ninguna otra cosa creada nos podrá separar del amor de Dios, que es en Cristo Jesús Señor nuestro.

Compartí esta historia con Jorge. El, también, hizo la decisión de dar gracias, en total rendición al Señor que le amó y prometió hacer que aun su ceguera resultara para su bien. En esa conferencia Jorge encontró paz verdadera, y dieciocho meses después partió para estar con el Señor. Su madre me escribió más tarde. Jorge pensaba, dijo ella, que "los últimos dieciocho meses valieron la pena", debido a lo que él había aprendido acerca de la realidad de Cristo. Por depender totalmente de Jesucristo, Jorge halló que El era todo lo que dijo ser: la respuesta a toda necesidad del corazón humano.

13

Creciendo en gracia

Ha pasado ya más de una década desde el día que yo estaba en la autopista, con lágrimas sobre las mejillas, clamando a Dios para que me restaurara el gozo de su salvación.

Mi oración en aquella ocasión era: "Señor llévame a los días en que te conocí". Yo no tenía ni la menor idea de cómo Dios iba a contestar esa oración. Lo divertido es que ¡estoy contento de que no hiciera lo que le pedí! *Hoy no quisiera regresar.* Ahora sé tanto más acerca de su amor y gracia y de lo que significa estar vivo en Cristo, que no deseo regresar al nivel en que estaba cuando era recién convertido. La solución no estribaba en ir al *pasado*, sino en moverme hacia *adelante*.

Esto me recuerda la historia de Israel después que Moisés les condujo a través del mar Rojo. Nunca fue la intención de Dios que se quedaran en el desierto. El les dijo que fuesen directamente a la Tierra Prometida, en la cual comerían el fruto de árboles que no plantaron, y beberían agua de pozos que no cavaron. Pero, a causa de su incredulidad, no entraron en el descanso al que Dios les había llamado. Temerosos de continuar e incapaces de retornar a Egipto, el desierto con su monotonía, sequedad y aburrimiento era lo único que les quedaba. Cuando empezaron a entender la realidad de la situación en que se hallaban, el pueblo comenzó a quejarse del liderazgo de Moisés. Sorprendentemente, comenzaron a aun añorar ¡"los buenos días pasados" en Egipto! Moisés les hizo recordar el hecho de que habían sido esclavos azotados en Egipto, pero eso no tuvo ningún impacto en ellos. Aun la esclavitud parece buena cuando se vive en el desierto.

Cuando como cristianos no estamos dispuestos a entrar en el reposo de Dios —con pleno descanso en la verdad del amor y la gracia incondicionales de Dios—, nos comportamos como los israelitas. Somos cristianos, y como tales ya no podemos regresar a la condición de perdidos, ni pueden las mariposas covertirse de nuevo en orugas. Tampoco queremos seguir adelante, así que establecemos nuestra morada en el desierto y nos conformamos con algo inferior a lo que podemos legítimamente aspirar. Ahora bien, si se va a vivir en el desierto, también podría hacerse lo más cómodo y agradable posible; y esto es precisamente lo que hemos hecho.

El mundo cristiano que hemos creado, me recuerda una ciudad real en el desierto: Las Vegas, Nevada. Si lo piensa bien, no hay razón especial alguna para que Las Vegas siquiera exista. Pero como las apuestas son legales en el Estado de Nevada, la gente ha tomado ventaja de ello, y han convertido la ciudad en una meca de vacacionistas. En lo que al mundo concierne, han construido el más deslumbrante y emocionante campo de juego de Norteamérica —justamente en medio del desierto, un lugar que de otra manera nadie pensaría visitar, mucho menos *vivir* en él. Si lo que se procura es excitar y gratificar la carne, Las Vegas es probablemente el sitio más cómodo y divertido que pueda inmaginarse.

Como una "Las Vegas espiritual", el mundo cristiano ha construido "una ciudad dorada en el desierto". En la superficie aparenta ser excelente, pero tiene catorce kilómetros de largo y una pulgada de profundidad. Es deslumbrante, y a veces emocionante, y le mantendrá ocupado —por un tiempo—. Pero de vez en cuando una pequeña voz en nuestros corazones comienza a preguntar: "¿Es esto realmente lo que Jesús tenía en mente cuando habló acerca de la 'vida abundante'?" Por un tiempo, yo me complacía con el estilo brillante y llamativo de vida cristiana que se aproximaba a la manera de actuar de la farándula. Pero después de un tiempo llegó a ser aburrido. Me convertí en cínico y me agoté, porque todo lo que hacía era una representación teatral. Estoy agradecido porque Dios me permitió pasar por esa experiencia de desierto hasta que llegué a estar cansado y hastiado de ella. El entonces oyó mi clamor y me dio nueva vida que nunca pudiera haberme imaginado.

Dios siempre ha tenido un remanente que ha dicho: "Señor, yo *no* estoy satisfecho con lo mismo de siempre. Yo no deseo practicar una religión; deseo conocerte en una relación real". A los hambrientos, a los humildes, Dios siempre les responderá por guiarlos a la verdadera libertad. Jesús nos dio esta garantía: "Pedid, y se os dará; buscad, y hallaréis; llamad, y se os abrirá" (Mateo 7:7). Y nosotros sabemos que podemos hacer esto porque Dios "es poderoso para hacer todas las cosas mucho más abundantemente de lo que pedimos o entendemos, según el poder que actúa en nosotros" (Efesios 3:20).

El escritor de Hebreos describe esta vida como el "reposo de Dios". En el principio, Dios creó todo en seis días, "y reposó el día séptimo de toda la obra que hizo" (Génesis 2:2). El significado espiritual de este principio se explica en (Hebreos 4:9-10): "Por tanto, queda un reposo para el pueblo de Dios. Porque el que ha entrado en su reposo, también ha reposado de sus obras, como Dios de la suyas". En otras palabras, Dios desea que por la fe nos apropiemos del hecho de que Jesucristo lo ha hecho todo, y que no queda nada que tengamos que hacer a fin de ser aceptados por Dios. Es decir, "Dios ya hizo el trabajo; ahora *usted* descansa".

Sin embargo, note que "descansar" no es lo mismo que estar *inactivo.* Yo no puedo pensar de uno más *activo* que el Señor Jesucristo, pero El siempre estaba en descanso. A la vez que descansamos en nuestros corazones, se nos insta a avanzar agresivamente y echar mano de todo lo que Dios ha preparado para nosotros. *¡Somos llamados a crecer en gracia!*

La exhortación a crecer en la gracia es un tema constante en el Nuevo Testamento. Una vida de fe no es pasiva; requiere una decisión firme de la voluntad y perseverancia creer en

Dios y su Palabra como la *única* fuente de verdad y proceder a aplicar la fe a la vida diaria. El apóstol Pablo dijo: "Ocupaos en vuestra salvación con temor y temblor, porque Dios es el que en vosotros produce así el querer como el hacer, por su buena voluntad" (Filipenses 2:12-13). Note que no dice "trabajad *para* vuestra salvación". Dice: "Ocupaos *en* vuestra salvación". Como el versículo 13 lo aclara, es *Dios* en nosotros quien inicia *Su* obra. Nuestro papel es de trabajar con toda nuestra fuerza *en* lo que ya Dios está obrando.

Dios no necesita la *habilidad* de usted. *El* es el único capaz. El necesita la *disponibilidad* de usted; es decir, darle plena facultad sobre nuestros cuerpos a Jesucristo así como El lo hizo con el Padre hace 2.000 años. Cuando aprendemos este secreto, podemos trabajar más arduamente que nunca sin agotarnos. Recuerde que fue Cristo mismo quien dijo:

> Venid a mí todos los que estáis trabajados y cargados, y yo os haré descansar. Llevad mi yugo sobre vosotros, y aprended de mí, que soy manso y humilde de corazón; y hallaréis descanso para vuestras almas; porque mi yugo es fácil, y ligera mi carga (Mateo 11:28-30).

Nadie va a parar a la oficina de un consejero, ni llega a ser fanático, o criticón por llevar el yugo de Cristo. Tomar su yugo significa llegar a ser su discípulo dispuesto, es decir, uno que va a aprender de El toda su vida. Eso significa confiar plenamente en El toda la vida. Puede implicar dificultad, enfrentar desprecio, mucho trabajo —pero no le agotará al punto de fundirse—. El yugo de Cristo significa descanso, paz, y realización en una vida vinculada con la de El.

La primera razón por la cual no nos "quemamos" es porque no estamos actuando *contrario* a nuestra verdadera identidad, sino viviendo de acuerdo a lo que somos: ¡nuevas criaturas en Cristo! "De modo que si alguno está en Cristo, nueva criatura es; las cosas viejas pasaron; he aquí todas son hechas nuevas" (2 Corintios 5:17). Hemos llegado a ser "participantes de la naturaleza divina" (2 Pedro 1:4). Y "tenemos la mente de Cristo" (1 Corintios 2:16). No sentimos entonces un conflicto con la actividad del Espíritu en nuestras vidas (aunque la carne pueda resistirle). Nuestras almas experimentan la paz y la mayor armonía cuando respondemos a las demandas que Dios nos hace mediante el Espíritu Santo.

La segunda razón por la cual no nos agotamos es porque no estamos produciendo la vida con nuestro propio esfuerzo; Cristo mismo produce Su vida en y través de nosotros. "Para lo cual también trabajo, luchando según *la potencia de él, la cual actúa poderosamente en mí"* (Colosenses 1:29). ¡Es en verdad un estilo de vida milagroso! Un completo misterio para el mundo, pero revelado y experimentado por el pueblo de Dios, que ha recibido el extraordinario mensaje: "Cristo en vosotros, la esperanza de gloria" (Colosenses 1:27). Que Cristo viva a través de nosotros es la única solución divina para que el hombre sea restaurado al propósito inteligente para el cual fue creado —¡ser un vehículo viviente para que Dios exprese Su vida a toda la creación!—. Que Cristo viva en nosotros es lo único que satisface la profunda necesidad que existe en el corazón del hombre —la necesidad de significado y propósito en la vida.

Imagínese usted que un día reciba una llamada del presidente de su país. "¿Cómo estás?", le pregunta a usted como si fuesen viejos amigos, y platican durante un rato. "A propósito, pasado mañana voy a estar en tu ciudad, y necesito usar un automóvil. Quiero saber si podría usar el tuyo".

Usted sabe cómo respondería. El siguiente día, lavaría el auto y le daría cera. También limpiaría con esmero el interior del mismo. Si se encontrara con algunos amigos, quizás trataría de introducir en la conversación, como quien no quiere las cosas, un comentario como: "No sé si mañana podré salir de compras, porque el presidente de la nación va a usar mi carro..."

Llega el gran día en que el presidente de la nación toma prestado su auto —quizás el día de mayor orgullo para usted—. Después usted podría considerar su vehículo como una reliquia. Tal vez mandara a hacer una placa especial de bronce con la inscripción: "El presidente de la República manejó este automóvil en la fecha tal". Si fuera posible trataría de mantener el vehículo en excelente condición, o bien lo donaría a algún museo.

Sé que estoy exagerando, pero presento esta ilustración por una razón. Creemos que sería un gran honor que por un día el presidente de nuestro nación usara nuestro automóvil, y ciertamente lo sería. *Pero nosotros los cristianos rara vez consideramos que Dios, que creó el universo, vive en nosotros y desea usar nuestros cuerpos cada día de nuestras vidas.* Piénselo bien. Si usted es cristiano, Dios vive en usted y quiere producir fruto que dure para la eternidad a través de usted. "Porque somos hechura suya, creados en Cristo Jesús para buenas obras, las cuales Dios preparó de antemano para que anduviésemos en ellas" (Efesios 2:10). Yo no puedo pensar de una mejor razón para enfrentar la vida con un entusiasmo contagioso.

A pesar del hecho de que está lleno de buenas noticias, el cristianismo clásico es resistido y enfrentado con toda clase de objeciones por muchos. Es aquí donde comenzamos con los "peros", y "¿qué acerca de?": "Yo sé que estamos bajo la gracia, *pero...*" "Yo sé que hemos sido perdonados totalmente, *pero...*" "Yo sé que Cristo vive en nosotros, *pero...*" Todos son peros. Sencillamente, tememos creer que Dios realmente quiere decir lo que dice.

El estudio bíblico y la oración son dos cosas que nos sacan a relucir vez tras vez. Recientemente, un hombre me preguntó: "Pero, si usted no mantiene a las personas bajo la ley, ¿cómo hacer para que estudien sus Biblias? ¿Cómo hacer para que oren?" El estaba sinceramente confundido. Yo supe que en sus antecedentes había mucho de estudios bíblicos y memorización de las Escrituras, pero para él éstas eran "disciplinas". El pensaba que los cristianos *no* desean hacer estas cosas, y que necesitan ser presionados firmemente para que las hagan.

"Permítame hacerle una pregunta", le contesté. "¿Ha recibido usted en alguna ocasión una carta de una persona de quien estuviera enamorado? ¿Tuvo alguien que decirle que la leyera? Si usted es como todos los que yo conozco, ¡la leerá muchas veces, al derecho y al revés, y entre líneas! Cuando uno está enamorado, nadie le tiene que decir que debe actuar de esa manera. Es algo natural.

"Desde que me convertí, y hasta el día de hoy, nadie me ha tenido que decir que debo leer mi Biblia. Yo *deseaba* hacerlo. Amo al Señor, y me es emocionante leer su 'carta de amor' para mí. Además, no soportaría la idea de vivir *sin* su Palabra, ya que ésta es mi alimento espiritual. Jesús dijo: 'No sólo de pan vivirá el hombre, sino de toda palabra que sale de la boca de Dios' (Mateo 4:4). Yo leo mi Biblia por la misma razón que *como; porque tengo hambre!*

"Le voy a hacer una ilustración: Si yo fuera un médico, y alguien me dijera lo siguiente: 'Doctor, no tengo apetito alguno'. Inmediatamente me daría cuenta de que *algo anda mal con este hombre.* Las fluctuaciones en el apetito son normales, pero la falta del mismo es una señal de enfermedad, y yo trataría por todos los medios de averiguar lo que es. Y así es como respondo al cristiano que me dice que no tiene deseo alguno de leer la Biblia —o que no tiene deseos de orar o de reunirse con otros creyentes. Eso no es normal; es algo *anormal*—, una señal de esclavitud a causa del error. De modo que yo trataría de identificar el error para reemplazarlo con la verdad de la Palabra de Dios.

"Como ocurre con mi apetito físico, mi apetito espiritual fluctúa. No es estable, y yo no me preocupo mucho si las fluctuaciones no son extremas. Pero hay ocasiones, físicamente, cuando me da gripe, y no tengo deseo alguno de comida. Entonces me obligo a comer, sabiendo que necesito mantenerme fuerte. De la misma manera, hay ocasiones cuando no tengo deseos de la Palabra de Dios, y se debe a que he comenzado a creer la mentira del legalismo y las acusaciones del Acusador. En esos momentos, aunque no tengo el deseo, me obligo a escudriñar las Escrituras, simplemente porque yo sé que necesito renovar mi mente con la verdad. Pero no lo olvide, esos tiempos son anormales, no la condición normal de mi vida espiritual. Yo doy por sentado que cuando uno entiende la plenitud del amor y la aceptación de Dios, *querrá* leer la Palabra de Dios; *querrá* pasar tiempo con su Padre celestial en oración; y *querrá* reunirse con otros creyentes para la alabanza y edificación".

Tratar de aprender un nuevo enfoque en lo que respecta a tomar decisiones también confunde a muchos. Realmente, se confunden porque intentan hacerlo más complicado de lo que es. Cuando enfrento una situación específica en mi vida, me doy cuenta de que las decisiones son muy simples cuando sé que "ya no vivo yo, mas vive Cristo en mí" (Gálatas 2:20). Ya he hecho la mayor decisión, que se expresa en Romanos 12:1, de presentar mi cuerpo en sacrificio vivo a Dios. Ya he rendido mi voluntad y mis derechos personales a Dios, y adoptado la Palabra de Dios como mi autoridad y norma de la verdad.

Por lo tanto, las decisiones son determinadas ¡por la ley del amor!

"Porque el amor de Cristo nos constriñe, pensando esto: que si uno murió por todos, luego todos murieron; y por todos murió, para que los que viven, ya no vivan para sí, sino para aquel que murió y resucitó por ellos" (2 Corintios 5:14-15).

Por lo tanto, con la *motivación* del amor de Cristo, la decisión de presentarme a El para que me use, y el *conocimiento* por la Palabra de lo que es la voluntad de Dios en esta situación específica, *meramente hago por fe lo que la Biblia dice, y le dejo a El los resultados.*

¿Me preocupo por algún problema? Cuando entiendo que Dios es soberano sobre todos los eventos, un problema se convierte en una oportunidad para confiar en Dios. Yo no sé lo que sucederá mañana, pero una cosa sí sé: ¡El mismo Jesús que está conmigo hoy estará conmigo mañana! Así que, *controlado por el amor de Cristo,* reclamo la promesa de Filipenses 4:6-7:

Por nada estéis afanosos, sino sean conocidas vuestras peticiones delante de Dios en toda oración y ruego, con acción de gracias. Y la paz de Dios, que sobrepasa todo entendimiento, guardará vuestros corazones y vuestros pensamientos en Cristo Jesús.

Oro por el problema, doy gracias, y dejo el resultado a Dios. El resultado es una paz sobrenatural que no depende de circunstancias.

¿Estoy enojado y disgustado con alguno? La Biblia dice:

Quítense de vosotros toda amargura, enojo, ira, gritería y maledicencia, y toda malicia. Antes sed benignos unos con otros, misericordiosos, perdonándoos unos a otros, como Dios también os perdonó a vosotros en Cristo (Efesios 4:31-32).

Por lo tanto, *controlado por el amor de Cristo,* yo voy al que he ofendido para tratar de reconciliarme y arreglar el asunto. ¿Cómo reaccionará él? No lo sé. La Escritura dice: "Si es posible, *en cuanto dependa de vosotros,* estad en paz con todos los hombres" (Romanos 12:18). Los resultados están en las manos de Dios, *pero motivado por su amor,* puedo actuar de acuerdo a su voluntad: "No seas vencido de lo malo, sino vence con el bien el mal" (Romanos 12:21).

¿Estoy sin trabajo, y tentado a robar? Dios dice: "El que hurtaba no hurte más, sino trabaje, haciendo con sus manos lo que es bueno, para que tenga qué compartir con el que padece necesidad" (Efesios 4:28). Jesús dijo: "Mas buscad primeramente el reino de Dios y su justicia, y todas estas cosas [vuestras necesidades] os serán añadidas" (Mateo 6:33). Por lo tanto, *motivado por el amor de Cristo,* confío en que Dios cumplirá esa promesa de suplir mis necesidades al solicitar un nuevo empleo —no solamente obtener mi sustento, sino también para servir a otros, proveer para mi familia, y ayudar a perpetuar la obra de Dios con mis ofrendas. Yo entro en acción, confiando en Su promesa de que "mi Dios, pues, suplirá todo lo que os falta conforme a sus riquezas en gloria en Cristo Jesús" (Filipenses 4:19). La vida cristiana no es tan complicada como nosotros tratamos de hacerla.

Una pregunta muy frecuente es: "¿No tomarán algunos creyentes el mensaje de la gracia de Dios como licencia para pecar?" Yo les contesto de esta manera: "Si su entendimiento del Evangelio no va más allá del perdón de pecados, probablemente sí. Pero cuando usted entiende que Cristo no solamente murió por el perdón de sus pecados, sino que también resucitó para vivir en usted, ¡absolutamente no!" Hay quienes, por inmadurez o rebelión, tratan de presumir en la gracia por algún tiempo; pero todo el que intente vivir conforme a la carne descubrirá que la vida real y abundante no se encuentra allí —en efecto, probablemente su vida será más miserable que cuando estaba perdido—. Si Cristo vive en usted, usted no puede vivir una vida carente de principios sin un conflicto interno tremendo. Si usted es mariposa, nunca será feliz viviendo con las orugas otra vez. Y ya que Dios se ha propuesto conformar a sus hijos a la imagen de Cristo, se puede esperar que aplique la disciplina apropiada y amorosa para traerlos de nuevo al camino correcto.

Note que dije "disciplina" y no "condena". Se piensa a menudo que estos términos significan lo mismo, pero son diferentes. La confusión de estos conceptos probablemente se deriva de nuestros padres, quienes a menudo nos disciplinaban en amor, pero a veces nos condenan con ira y frustración. Entonces nosotros proyectamos estas características sobre Dios, y suponemos que El actúa del mismo modo. Sin embargo, nada puede estar más lejos de la verdad. Este error es uno de los últimos baluartes del legalismo, que debe ser corregido a fin de que las personas puedan descansar en la gracia de Dios. Comencemos por establecer una definición correcta de los términos.

Condena es la pena impuesta a un delincuente por un crimen o mala acción. Tiene en vista la retribución (darle a alguien lo que merece) en vez de la corrección. La condena mira hacia *el pasado,* a la ofensa; es *impersonal* y *automática,* y su finalidad es la administración de la *justicia.* El ejemplo más simple de condena es que el policía detenga a un conductor y le multe por manejar a mayor velocidad de la establecida por la ley. ¿Le ha ocurrido eso alguna vez? A mí me sucedió recientemente cuando conducía por una autopista. Yo no tenía la intención de ir a exceso de velocidad. Sólo estaba preocupado y no prestaba atención al cuentakilómetros. Yo trato de ser un ciudadano que obedece las leyes. Le expliqué todo eso al policía y, debo decir, él comprendía mi caso y lo sentía mucho... pero me puso la multa. Usted ve, al policía no le interesa la razón por la cual usted conducía a exceso de velocidad; si lo hizo o no a propósito; ni le importa un bledo que le diga que en todos los otros días condujo como establece el código del tránsito. Todo lo que él entiende es que usted violó la ley, y aquí tiene su condena. Usted también notará que él no hizo nada para elogiar a cincuenta otros conductores que vio conducir dentro de los límites legales. Sólo estaba allí, indiferente, hasta que notó una vilación; entonces entró en acción. Eso es condena.

La *disciplina,* por otro lado, es totalmente diferente. La disciplina es *entrenamiento* que desarrolla control propio, carácter y habilidad. Es mirar hacia *adelante* a un resultado beneficioso, es muy *personal,* y es un ejercicio *continuo.* Cuando estuve en la escuela secundaria jugué en el equipo de baloncesto. Tuve un entrenador que nos exigía bastante. Nos hacía correr con o sin pelota hasta el punto que mis piernas ya casi no me sostenían. ¿Por qué nos entrenaba de esa manera? *Porque deseaba que tuviéramos éxito.* No lo hacía porque estuviera enojado con nosotros; el propósito de semejantes ejercicios era que fuésemos buenos jugadores y un equipo bien preparado.

Una cosa que usted habrá notado inmediatamente, especialmente si tuvo un entrenador como el mío, es que la condena y la disciplina a veces se *sienten* igual para el que la recibe. Pero se puede notar una marcada diferencia tanto en la *actitud* como en la *meta* del que la administra. La actitud que hay detrás de la condena es ira e indignación, y su meta es la *justicia;* la actitud que hay detrás de la disciplina es *amor,* y su meta es el *beneficio* y *desarrollo— de la persona.*

¡Un contraste total! Y la aplicación crucial para nosotros es saber que *Dios, bajo el Nuevo Pacto, nunca trata con sus hijos sobre la base de la condena.* Toda la condena de Dios para nuestros pecados fue totalmente recibida por Jesucristo en la cruz. *Ahora que somos hijos de Dios, El trata con nosotros únicamente sobre la base de la disciplina,* la cual, una vez usted entiende la diferencia, es una verdad positiva. El no trata con nosotros con ira, o demanda de justicia. El es un Padre amante dedicado a que sus amados hijos crezcan en gracia cada día.

Esta es una cuestión que debemos resolver, por dos razones. La primera, Cristo dijo: "En el mundo tendréis aflicción" (Juan 16:33). La segunda, porque, cuando enfrentamos las tragedias y problemas de la vida, no hay tendencia humana más fuerte que preguntar el porqué. "¿Por qué sucedió esto?", exclamamos. "¿Es este problema una señal de que Dios está enojado conmigo?"

Una tremenda ilustración de este principio fue la experiencia de Tim Stevenson cuando estaba corriendo en unos caminos rurales. "Yo estaba muy entusiasmado acerca de un recorrido que tenía planeado", explica Tim. "Iría a Canadá para un viaje en canoa de una semana de duración, a un área que había visitado en ocasiones anteriores y que me gustaba mucho. Estas no iban a ser vacaciones cómodas. Esa parte de Canadá es agreste, lo que hacía del proyecto un gran desafío. Por eso yo estaba dedicando muchas semanas a entrenarme para ese viaje —corriendo más kilómetros de lo acostumbrado, y haciendo planchas, y otros ejercicios.

Ese día, la temperatura estaba alta en Texas, y el calor irradiaba del pavimento. Había completado casi mi carrera de cinco kilómetros, estaba muerto de cansancio, cuando de repente se me ocurrió una idea. Si mi cuerpo hablara, pensé, diría: '¿Pero qué es esto? ¿Qué está pasando? ¿Por qué me estás haciendo esto? ¿Estás enojado contra mí? ¿Hay algún pecado no confesado en mi vida?'

Yo le habría contestado: 'Cuerpo, yo no estoy enojado contra ti. Estoy haciendo esto porque te amo. Yo sé el futuro pero tú no. Yo sé que en seis semanas, vas a estar remando durante toda una semana casi ocho horas diarias, vas a tener que cargar con una canoa que pesa unos treinta y cinco kilogramos, o caminar tramos de más de un kilómetro y medio con una mochila de cuarenta kilogramos a cuestas, y quizás haya lodo en algunos trechos. Ahora si te preparas para ello vas a disfrutarlo, pero si no, quizás mueras a causa del esfuerzo.

"Me reí a carcajadas al darme cuenta de que así es exactamente como respondemos a Dios cuando nos vienen problemas. Al igual que los paganos en la antigüedad, siempre estamos tratando de interpretar eventos. Cuando las cosas van en nuestro favor, eso indica que los dioses están contentos con nosotros; cuando nos metemos en problemas, significa que los dioses están enojados con nosotros. Así piensa el hombre naturalmente, y esa actitud todavía la traemos a la vida cristiana. Todavía se nos dificulta confiar en las buenas intenciones de un Dios que ha hecho todo lo inconcebible para demostrar su amor por nosotros.

Esta tendencia a dudar de Dios en tiempos de dificultad es exactamente el significado de Hebreos 12:1-12, pasaje que trata de la disciplina, y que a menudo es tomado fuera de contexto. En este pasaje se nos dice: "Si soportáis la disciplina, Dios os trata como a hijos; porque ¿qué hijo es aquel a quien el padre no disciplina?" (Hebreos 12:7). Nuestra reacción a este pasaje será determinada por la claridad de nuestro entendimiento de disciplina y condena. Los hebreos, a quienes se dirige la carta, eran judíos cristianos que estaban enfrentando tremendas presiones y pruebas. Les vedaban el acceso al templo y a las sinagogas, eran condenados al ostracismo y amenazados, y muchos estaban flaqueando en su fe. Estaban comenzando a hacerse las mismas preguntas que nos formulamos hoy: "¿Por qué nos suceden estas cosas?" "¿Es esto señal de que Dios nos ha rechazado?" El autor de esta carta escribió para animarles: "No, Dios no les ha rechazado. No se den por vencidos. Sigan adelante".

Por eso se escribió el capítulo 11 de Hebreos. Este ha sido llamado "La galería de Dios de la fe". El escritor muestra ejemplo tras ejemplo de individuos que confiaron en Dios a través de toda la historia bíblica. El habla de aquellos

que por fe conquistaron reinos, hicieron justicia, alcanzaron promesas, taparon bocas de leones, apagaron fuegos impetuosos, evitaron filo de espada, sacaron fuerzas de debilidad, se hicieron fuertes en batallas, pusieron en fuga ejércitos extranjeros. Las mujeres recibieron sus muertos mediante la resurrección (Hebreos 11:33-35).

Eso ciertamente emociona al leeerlo. ¿A quién no le gustaría ser un héroe de fe si esos son los resultados? Pero lamentablemente, nuestra tendencia es dejar de leer en el lugar inadecuado. El pasaje continúa:

mas otros fueron atormentados, no aceptando el rescate, a fin de obtener mejor resurrección. Otros experimentaron vituperios y azotes, y a más de esto prisiones y cárceles. Fueron apedreados, aserrados, puestos a prueba, muertos a filo de espada; anduvieron de acá para allá cubiertos de pieles de ovejas y de cabras, pobres, angustiados, maltratados; de los cuales el mundo no era digno; errando por los desiertos, por los montes, por las cuevas y por las cavernas de la tierra" (Hebreos 11:35-38).

Algunos héroes de la fe ganaron batallas; otros fueron matados; pero *"todos* éstos, alcanzaron buen testimonio mediante la fe" (Hebreos 11:39).

En lugar de ser como los antiguos paganos que interpretaban todas las experiencias negativas como evidencia del desagrado de "los dioses", podemos ver las tribulaciones de acuerdo a la verdad. Santiago escribió: "Hermanos míos, tened por *sumo gozo* cuando os halléis en diversas pruebas" (Santiago 1:2). Pablo dijo lo mismo y nos dio la razón:

> También *nos gloriamos en las tribulaciones,* sabiendo que la tribulación produce paciencia; y la paciencia, prueba *[carácter];* y la prueba [carácter], esperanza; y la esperanza no avergüenza; porque el amor de Dios ha sido derramado en nuestros corazones por el Espíritu Santo que nos fue dado (Romanos 5:3-5).

Usted y yo vamos a enfrentar problemas en el futuro. Eso es parte de la vida en este mundo caído. Dios no nos promete que no tendremos tribulaciones, pero sí nos promete que estará con nosotros en medio de ellas. El promete que hará que "a los que aman a Dios, todas las cosas les ayudan a bien, esto es, a los que conforme a su propósito son llamados" (Romanos 8:28). Sí promete que si nos apartamos del camino en nuestra vida cristiana, El aplicará disciplina correctiva para restaurarnos. Sí promete que podemos experimentar su paz y gozo en medio de las pruebas al confiar en El con acción de gracias. Finalmente, El nos promete que cualquier cosa que nos suceda no es señal de su rechazo. Podemos entonces aceptar cualquier tribulación como disciplina: una oportunidad para que Dios edifique en nosotros cualidades del carácter que son de valor eterno.

No importa qué le reserve el futuro, usted puede descansar con la seguridad de que "el que comenzó en vosotros la buena obra, la perfeccionará hasta el día de Jesucristo" (Filipenses 1:6). Usted no sabe lo que le sucederá mañana, pero *puede* saber que el mismo Cristo que le ama hoy estará con usted mañana.

CONCLUSION

¿Qué ha sucedido con lo genuino?

Sharon me llamó cuando estábamos en el programa radial "De Persona a Persona" una noche. "Su enseñanza me ha sido de mucho beneficio y estoy aprendiendo más y más acerca del amor de Dios por mí. Pero estoy en una situación en la cual no sé qué hacer". Se detuvo y suspiró.

"Tengo ahora 19 años de edad, pero cuando estaba en mi adolescencia cuatro de mis tíos me molestaron sexualmente. Desde entonces he llegado a conocer a Jesús, y ya no los odio. Les he perdonado. Pero el problema es que cuando tenemos reuniones familiares les veo y no sé cómo reaccionar".

¿Qué puede decirse en la radio a una pregunta como esa? Todo lo que sé es confiar en Dios y su Palabra. "Sharon, se me parte el corazón por lo que te ha ocurrido. Es tan horrible... que aun me es doloroso imaginar tal experiencia. Estoy muy agradecido por saber que has llegado a conocer a Cristo, y que El está sanándote del dolor y la amargura que es natural sentir después de una experiencia como la tuya".

Hice una pausa. "Después de todo eso, Sharon, por mucho que yo pueda compadecerme de ti, hay sólo una cosa que importa en el presente: qué vas a hacer *hoy*. Nada que tú, yo o cualquiera hiciera, podría cambiar el pasado. La cuestión es: Qué harás hoy o en el futuro. Dios nos promete en Romanos 8:28: "Y sabemos que a los que aman a Dios, todas las cosas les ayudan a bien, esto es, a los que conforme a su propósito son llamados". Ahora bien, el versículo no dice que todas las cosas *parecen* buenas, o que todas las cosas le hacen a uno *sentirse* bien, ni siquiera que todas las cosas *son* buenas. Dice que Dios hará que todas las cosas ayuden a bien. Yo sé que eso es difícil de entender, pero intentémoslo.

"Piensa en esto, Sharon", proseguí. "¿Crees que alguna vez hallarás otras mujeres que hayan pasado por experiencias similares?"

"Seguro que sí", contestó suavemente, con voz que revelaba un esfuerzo por contener el llanto.

"Yo también pienso lo mismo, Sharon. ¿Cuántas crees que podrías hallar?"

"No sé", respondió Sharon, "tal vez cientos".

"En este mundo pecaminoso y triste, eso probablemente sea cierto. Sharon, la persona más indicada para ministrarles a esas mujeres el amor y compasión de Jesús es *alguien que haya pasado por esa experiencia*. Ves, Sharon, nosotros hemos sido llamados a ser siervos, como Cristo lo fue. Pero para ser un siervo eficaz, debemos tener compasión. ¿Cómo aprendemos a compadecernos? Hay una sola manera, que yo sepa: por pasar uno mismo por tribulaciones y pruebas. Por eso leemos en 2 Corintios 1:3-4: 'Bendito sea el Dios y Padre de nuestro Señor Jesucristo, *Padre de misericordias [compasión]* y Dios de toda consolación, el cual nos consuela en todas nuestras tribulaciones, *para que podamos también nosotros consolar a los que están en cualquier tribulación, por medio de la consolación con que nosotros somos consolados por Dios'*.

"Como puedes ver, *hay* una razón para que tú apliques el mandato de 'dad gracias en todo' (1 Tesalonicenses 5:18). Sharon, tú puedes tener un corazón agradecido hacia un Dios que te ama, y que tomará aun experiencias tan terribles como la tuya y las convertirá en oportunidades para el bien, al ser libre en tu propio espíritu, y entonces extenderte hacia otros y servirles con el mismo amor que has recibido de El".

Sharon inmediatamente percibió la verdad de estas cosas. Su paz y libertad de espíritu eran una ilustración vívida de los resultados de permitir a Dios renovar nuestras mentes (Romanos 12:2). La renovación de nuestras mentes es *mirarnos a nosotros mismos y nuestras circunstancias desde la perspectiva de Dios* en lugar de la perspectiva humana, y eso precisamente fue lo que Sharon hizo. Con sus circunstancias y reacciones enfocadas propiamente, pasamos a considerar cómo tratar con sus tíos. "Sharon, tú no puedes hacerte la idea de que no sucedió nada, de modo que mi consejo para ti es que trates con eso directamente. Tú podrías acercarte a cada uno de ellos y decirle: 'Usted y yo sabemos lo que sucedió en el pasado. Pero deseo que sepa que Cristo Jesús es ahora mi Señor. El me ha perdonado mis pecados, El también ha provisto para el perdón de los pecados de usted, y yo también le perdono'.

"¿Alguno de tus tíos conoce al Señor?" Dijo que no. Le pregunté si ella sabía cómo compartir el Evangelio, y de nuevo contestó que no. "Voy a decirte lo que haré. Hemos escrito un folleto que explica cómo llegar a conocer a Cristo; te enviaré uno inmediatamente. Es muy sencillo; todo lo que tienes que hacer es leerlo con alguien". Sharon quedó muy entusiasmada con esa idea, y así concluimos nuestra conversación telefónica.

Tres días después, Sharon nos llamó. "El pasado fin de semana, tuvimos otra reunión familiar, y el folleto del que usted me habló no llegó a tiempo; sin embargo, hice lo que usted me sugirió. Le hablé a cada uno de mis cuatro tíos personalmente, y *dos de ellos llegaron a conocer a Cristo.*

¡Qué milagro! Una pobre niña inocente, vejada de manera degradante, que llega a ser una joven fuerte, compasiva y de una visión clara. Tenía todas las razones para aferrarse a la autocompasión, el odio y la amargura por el resto de su vida, y el mundo la habría animado a hacerlo. Pero, en lugar de ello, se adhirió al Cristo viviente, y *controlada por su amor,* decidió reaccionar ante la adversidad de acuerdo con la voluntad de Dios. Ella podía haberse considerado una víctima, pero en vez de eso escogió verse a sí misma como Dios la veía: una hija de Dios que ya ha recibido "todo [lo que ella necesita para] ... la vida y a la piedad" (2 Pedro 1:3). Sharon experimentó una vida *cambiada* porque experimentó una vida *intercambiada* en Jesucristo. Ahora ella es libre y ayuda a otras personas a ver y entender la libertad que Cristo tiene para ellos.

La vida de Sharon muestra el poder de un vida *intercambiada*. No basta con responder locuazmente a los problemas que las personas afrontan. Algunas veces cuando no tenemos compasión, llegamos a ser como máquinas. Alguien comparte un problema con nosotros, y, *¡zaz!* lanzamos un versículo bíblico. Aun la verdad bíblica como "dar gracias en todo" puede ser dañina cuando se comparte en el momento inoportuno, o con un espíritu impropio —particularmente cuando se hace sin compasión—. A fin de aplicar los *principios* bíblicos para la vida, debemos tener el *fundamento* bíblico de entender el amor de Dios y Su aceptación. Dar gracias en tiempos de aflicción no tiene sentido a menos que nos veamos a nosotros mismos y a nuestras vidas desde la perspectiva de Dios.

Tampoco basta con decirle a la gente lo que debe *dejar de hacer*. Por ejemplo, ¿cómo podría Sharon simplemente poner a un lado las muy naturales emociones de la amargura, el odio y lástima propia? Sólo hay una manera: por desarrollar una *mentalidad totalmente nueva, una nueva preocupación*. No podemos soltar las cosas a menos que tengamos algo nuevo a que aferrarnos.

Esto me recuerda a un niñito que estaba en su corral jugando con su osito de peluche. Trate de quitárselo y se formará una buena pelea. Después de todo, él ama su osito y depende del mismo. Ese osito le provee comunión y consuelo, y es un objeto para amar. Así que, ¿cómo puede usted quitarle ese oso sin una conmoción? Muy sencillo: déle un perrito. El perrito provee comunión y consuelo y mucho más.

Está vivo; no solamente le puede amar sino que también corresponde al amor. A medida que el niño se relaciona con el perrito, se olvidará de su osito de peluche, y usted podrá quitárselo sin que se dé cuenta.

Esa es una simple ilustración, pero nos da una importante revelación de cómo son los seres humanos. La manera de quitarse un hábito o preocupación es desarrollar un *nuevo* hábito o preocupación. El nuevo sacará al viejo, así como la luz disipa las tinieblas, y la verdad al error. Como dice la Biblia: "Sino vestíos del Señor Jesucristo, y no proveáis para los deseos de la carne" (Romanos 13:14). *El* ha de ser nuestra principal concentración.

Por eso la Biblia continuamente dice no solamente lo que *no* se debe de hacer, sino también lo que *sí* debe hacerse: "El que hurtaba, no hurte más, sino trabaje". "Desechando la mentira, hablad verdad". "Quítese de vosotros toda ... ira, gritería.... antes sed benignos unos con otros, perdonándoos unos a otros". Todo este se resume en Efesios 4:22-24:

En cuanto a la pasada manera de vivir, despojaos del viejo hombre, que está viciado conforme a los deseos engañosos, y renovaos en el espíritu de vuestra mente, y vestíos del nuevo hombre, creado según Dios en la justicia y santidad de la verdad.

Yo quisiera contar con más espacio para relatar otras cien historias como la de Sharon, de cómo el mensaje de la gracia de Dios cambia las vidas poderosamente, pero para ello se requeriría una biblioteca. Estos ejemplos demuestran que la verdad liberta. Las gente continuará argumentando y "rajando pelos" acerca de distintas cuestiones teológicas, pero, como dice un viejo refrán: "Para apreciar la calidad del pudín, hay que comerlo". El poder del puro Evangelio para transformar las vidas no se puede explicar por medios naturales.

Si hay algún principio que ejemplifica la vida de libertad bajo la gracia, para mí es Gálatas 5:13: *"Porque vosotros, hermanos, a libertad fuisteis llamados; solamente que no uséis la libertad como ocasión para la carne, sino servíos por amor los unos a los otros".* El Señor Jesús dijo en cuanto a su propia vida: "El Hijo del Hombre no vino para ser servido, sino para servir, y para dar su vida en rescate por muchos" (Mateo 20:28). También dijo: "Más bienaventurado es dar que recibir" (Hechos 20:35). Pablo añadió: "Nada hagáis por contienda o por vanagloria; antes bien con humildad, estimando cada uno a los demás como superiores a él mismo" (Filipenses 2:3).

La señal inequívoca de que el cristianismo clásico está echando raíz en el corazón del hombre es que se vean los inicios de la misma actitud que Cristo tuvo: "Yo no estoy aquí para ser servido, sino para servir". Nada es menos natural en un ser humano que esa actitud. Sólo el milagro del Evangelio puede producirla. ¿De qué otra manera puede explicarse la actitud y las acciones de alguien como Sharon aparte de la intervención milagrosa de Dios?

El título de este capítulo es una pregunta: ¿Qué ha sucedido con lo genuino? La respuesta es: "Nada". ¡Nada hay de malo en el mensaje! Tampoco hay algo *nuevo* en cuanto al mensaje de la gracia de Dios. Cuando se proclama directamente y en toda su pureza, transforma vidas en la misma manera dramática que lo hizo en los días que siguieron al Pentecostés. El problema no está en el mensaje, está en *nosotros. Nos* hemos desviado de la plenitud de Cristo hacia la religión y el legalismo.

El mismo sol que endurece el barro, derrite la cera. De la misma manera, el mensaje de la gracia de Dios endurece el corazón del orgulloso, y suaviza el corazón del humilde. "Dios resiste a los soberbios, y da gracia a los humildes" (Santiago 4:6). ¿Por qué la gracia de Dios está disponible sólo para el humilde? Porque únicamente él la *recibirá*. El humilde siempre hallará que Dios es compasivo y lleno de gracia. El abrirá las compuertas de Su amor a todo hombre, mujer, niño o niña que va a El con humilde fe. El Señor continúa diciéndonos a usted y a mí:

"He aquí, yo estoy a la puerta y llamo; si alguno oye mi voz y abre la puerta, entraré a él, y cenaré con él, y él conmigo" (Apocalipsis 3:20).

Escucha, abre la puerta de tu corazón, y descubre que el cristianismo clásico es una persona: el Señor Jesucristo viviente.